Optimization and Control Strategies for
Supply Chain in View of
Imperfect Supply and Demand

不完备供需两侧下
供应链优化与控制策略

陈杰　李胃胜　邢灵博 ◎ 著

·广州·

版权所有　翻印必究

图书在版编目（CIP）数据

不完备供需两侧下供应链优化与控制策略 / 陈杰，李冒胜，邢灵博著. -- 广州：中山大学出版社，2024. 12. -- ISBN 978-7-306-08177-3

Ⅰ. F252.1

中国国家版本馆 CIP 数据核字第 2024WOL674 号

出 版 人：王天琪
策划编辑：谢贞静
责任编辑：梁嘉璐
封面设计：曾　斌
责任校对：高　莹
责任技编：靳晓虹
出版发行：中山大学出版社
电　　话：编辑部 020 - 84110776，84113349，84110283，84111997，84110779
　　　　　发行部 020 - 84111998，84111981，84111160
地　　址：广州市新港西路 135 号
邮　　编：510275　　传　　真：020 - 84036565
网　　址：http://www.zsup.com.cn　E-mail：zdcbs@mail.sysu.edu.cn
印 刷 者：广东虎彩云印刷有限公司
规　　格：787mm×1092mm　1/16　9.75 印张　181 千字
版次印次：2024 年 12 月第 1 版　2024 年 12 月第 1 次印刷
定　　价：50.00 元

如发现本书因印装质量影响阅读，请与出版社发行部联系调换

内 容 简 介

　　所谓供需两侧的不完备性,指的是需求侧或供给侧受到外部超预期因素的干预作用。本书主要在供需两侧不完备的条件下,研究供应链的优化与控制问题。在供需两侧受到随机流的干预作用下,如何刻画随机供应能力与随机需求的统计规律性,是供应链优化与控制的核心问题。为此,本书基于泊松过程和马尔可夫过程等理论刻画超预期因素在供需两侧中的传导机理,进而在报童模型的理论基础上,提出了系列供应链的优化决策模型,具体如下:

　　(1) 利用泊松过程刻画风险流在需求侧中的传导机理,进而提出需求侧带有风险流干预作用下供应链的协调契约机制,并研究风险流的干预作用、回购契约参数与协调机制的关联性,以拓展理论模型在实际应用领域中的适应性。

　　(2) 假设供需两侧分别受到风险流 Z_1 和 Z_2 的干预作用,进而利用泊松过程将风险流 Z_1 和 Z_2 的统计规律性纳入决策模型的理论框架,以导出供应链带有缺货成本的决策机制,并深入揭示了供需两侧中的风险流传导到订购决策和期望利润函数的干预作用。

　　(3) 利用泊松过程理论给出风险流在需求侧中的干预机理,进而联合报童模型的理论框架提出带有风险厌恶的决策模型,并导出相应的决策机制。新模型充分考虑了干预强度参数、需求弹性系数、风险厌恶因子对最优期望订购量和期望利润所产生干预作用的演变过程。

　　(4) 在假设市场需求为随机的情况下,基于泊松过程理论刻画风险流在供给侧中的干预机理,进而将该干预机理深度融合到报童模型的理论框架,构建了供给侧带有泊松流的风险厌恶报童模型,并经过理论推导得出模型的最优解。

　　(5) 在假设产品消费需求依赖于质量水平的条件下,将产品质量水平的周期波动视为一随机过程,利用马氏理论描述该产品质量过程的统计规律性,进而将"不完备质量"的决策理念纳入经典库存模型的理论框架,构建了考虑产品消费需求依赖于产品质量与零售价格的定价和订货联合决策模型。

（6）在假设产品消费需求依赖于质量水平的条件下，将产品质量水平的周期波动视为一随机过程，利用马氏理论描述该产品质量过程的统计规律性，进而将"不完备质量"的决策理念纳入经典库存模型的理论框架，构建了考虑产品消费需求依赖于产品质量与零售价格的定价和订货联合决策模型。

（7）在假设需求、订货价、残值等因素依赖于质量水平的条件下，将产品质量水平的周期波动视为一随机过程，并借助随机过程的理论方法，构建了考虑产品质量涟漪效应下的定价和订货联合决策模型。基于该模型计算出不同初始状态下的未来多个周期的最优定价、最优订购量与总期望利润，同时还给出了产品质量涟漪效应对零售商最优决策结果影响的数值分析。

（8）在假设产品消费需求对产品质量水平敏感的情形下，将产品质量水平的周期波动视为一随机过程，并借助随机过程的理论方法，构建了考虑产品质量水平和碳交易机制下的库存决策模型。基于该模型计算出不同初始状态下的未来多个周期的最优订购量和期望利润，并与不完备质量下的报童模型进行了比较分析，同时还研究了产品质量涟漪效应、碳交易价格等参数对模型最优解的影响。

（9）考虑供应商产品质量水平随机波动性、零售商的风险规避特性和促销努力程度的影响，运用条件风险价值准则度量零售商的风险规避特征和运作绩效，构建了不完备质量与促销努力下的风险厌恶库存决策模型。基于该模型计算出不同初始状态下的未来多个周期的最优订货决策及其相应的效用，同时还探讨了产品质量水平随机效应、促销努力水平和风险规避特性等参数对模型最优解的影响。

目　　录

第1章　导论 ··· 1
1.1　研究背景和意义 ··· 1
1.1.1　研究背景 ··· 1
1.1.2　研究意义 ··· 2
1.2　课题来源及研究内容 ··· 3
1.3　拟解决的关键问题 ··· 4
1.4　研究方法和技术路线 ··· 5
1.4.1　研究方法 ··· 5
1.4.2　技术路线 ··· 6
1.5　本书的特色与创新之处 ··· 6
1.6　本书结构 ··· 8

第2章　国内外研究现状及发展动态分析 ··· 10
2.1　不完备供给侧下的决策模型 ··· 10
2.1.1　不完备质量下的决策模型 ··· 10
2.1.2　供应随机中断下的决策模型 ··· 12
2.2　不完备需求侧下的决策模型 ··· 13
2.3　带有风险厌恶的决策模型 ··· 14
2.4　发展动态分析 ··· 16

第3章　需求侧带有风险流下供应链的协调契约机制 ··· 18
3.1　引言 ··· 18
3.2　模型构建 ··· 21
3.2.1　模型描述 ··· 21
3.2.2　风险流干预下集中式供应链的决策模型 ··· 23

    3.2.3 风险流干预下分散式供应链的决策模型 ……………… 25
    3.2.4 风险流干预下供应链的协调契约机制 ………………… 29
  3.3 数值算例分析 ……………………………………………………… 30
  3.4 风险流干预作用下模型的最优解 ……………………………… 31
  3.5 风险流的干预次数 $N(t)$ 与决策机制之间的关联性 ………… 32
  3.6 本章小结 …………………………………………………………… 34

第4章 供需受风险流干预下带有缺货成本的报童模型 …………… 35
  4.1 引言 ………………………………………………………………… 35
  4.2 模型的构建 ………………………………………………………… 38
    4.2.1 模型描述、符号说明和模型假设 ……………………… 38
    4.2.2 风险流干预下带有缺货成本的报童模型 ……………… 40
    4.2.3 决策机制的最优策略 …………………………………… 41
    4.2.4 决策机制的近似性质 …………………………………… 45
  4.3 数值算例分析 ……………………………………………………… 45
    4.3.1 模型的可行性和有效性检验 …………………………… 46
    4.3.2 风险流 Z_1 的强度参数与决策机制之间的关联性 …… 47
    4.3.3 供给侧中风险流对决策机制的影响 …………………… 48
  4.4 本章小结 …………………………………………………………… 49

第5章 需求侧受风险流干预下带有风险厌恶的报童模型 ………… 51
  5.1 引言 ………………………………………………………………… 51
  5.2 模型的构建 ………………………………………………………… 52
    5.2.1 带有风险厌恶的决策模型 ……………………………… 52
    5.2.2 决策机制的最优策略 …………………………………… 53
  5.3 模型的数值模拟分析 ……………………………………………… 58
    5.3.1 模型的最优数值解 ……………………………………… 58
    5.3.2 干预强度参数 λ 对决策机制的干预作用 ……… 59
    5.3.3 其他因素对决策机制的影响 …………………………… 60
  5.4 本章小结 …………………………………………………………… 62

第6章 随机需求下供给侧带有泊松流的风险厌恶报童模型 ……… 64
  6.1 引言 ………………………………………………………………… 64

6.2 模型的构建 ·· 66
    6.2.1 模型描述、符号说明和模型假设 ·· 66
    6.2.2 供给侧带有风险流的风险厌恶报童模型 ······························ 67
    6.2.3 决策模型的最优解 ·· 67
6.3 数值算例分析 ··· 73
    6.3.1 不同权数下模型的可行性和有效性检验 ······························ 73
    6.3.2 尺度参数 ξ 与决策机制之间的关联性 ··································· 74
    6.3.3 干预强度参数 λ 与决策机制之间的关联性 ······························ 75
6.4 本章小结 ··· 76

第7章 不完备质量下报童问题的订购与定价联合决策 ············ 78
7.1 引言 ··· 78
7.2 模型的构建 ··· 80
    7.2.1 模型描述和符号说明 ·· 80
    7.2.2 不完备质量下的报童决策模型 ··· 81
    7.2.3 最优期望订购与定价策略 ··· 82
7.3 数值算例分析 ··· 84
7.4 本章小结 ··· 86

第8章 质量涟漪效应下的产品订购与定价联合决策 ··················· 88
8.1 引言 ··· 88
8.2 模型的构建 ··· 89
    8.2.1 模型描述和符号说明 ·· 89
    8.2.2 产品质量涟漪效应下的订购与定价决策模型 ······················ 90
8.3 数值算例分析 ··· 93
8.4 本章小结 ··· 96

第9章 碳交易机制和不完备质量下的库存决策模型 ··················· 98
9.1 引言 ··· 98
9.2 模型的构建 ··· 100
    9.2.1 模型描述和符号说明 ·· 100
    9.2.2 碳交易机制和不完备质量下的库存决策模型 ······················ 101

9.2.3　模型的求解与分析 ·················· 103
　9.3　数值算例分析 ······················· 106
　　9.3.1　不同质量水平状态下模型的最优解 ············ 107
　　9.3.2　碳交易价格对模型最优解的影响 ············· 107
　　9.3.3　碳配额对模型最优解的影响 ··············· 108
　　9.3.4　碳排放参数对模型最优解的影响 ············· 109
　　9.3.5　不完备质量下系统的平稳性分析 ············· 110
　9.4　本章小结 ························ 112

第10章　不完备质量和促销努力下的风险厌恶库存决策模型 ····· 113
　10.1　引言 ·························· 113
　10.2　模型的构建 ······················· 116
　　10.2.1　模型描述和符号说明 ·················· 116
　　10.2.2　构建不完备质量与促销努力下的风险厌恶库存决策
　　　　　　模型 ·························· 117
　　10.2.3　零售商的最优期望订购量和总期望利润准则 ········ 118
　10.3　数值算例分析 ······················ 124
　　10.3.1　不同质量水平状态下模型的最优解 ··········· 124
　　10.3.2　促销努力参数对零售商最优决策及其绩效的影响 ····· 125
　　10.3.3　风险规避系数对零售商最优决策及其绩效的影响 ····· 126
　　10.3.4　产品质量水平波动下系统的可靠性分析 ········· 127
　10.4　本章小结 ······················· 129

参考文献 ··························· 130

第1章 导　　论

1.1　研究背景和意义

当下，由红海危机、俄乌冲突、自然灾害（"8·19"重庆森林火灾、"2·6"土耳其地震）、科技战、贸易战、世界能源和粮食危机等事件交互叠加所形成的多重随机流对供需两侧造成了严重的影响，使供应链面临持续显现的三重压力（需求收缩、供给冲击、预期转弱），并在加速演变过程中愈加凸显复杂非线性随机系统的本质特征，由此给供应链的运作与管理带来新一类的理论困境和实践挑战。因此，在供需两侧带有多重随机流的决策背景下，研究供应链的决策优化问题，对进一步完善供应链的风险决策机制，以及提升运筹与管理的理论和方法在实际应用领域中的普适性，具有重要的理论与实际意义。

1.1.1　研究背景

本书拟展开研究的供需两侧的不完备性主要体现在以下方面：

（1）质量水平的不确定性。质量作为供给侧中的核心要素，在市场竞争中扮演着重要的角色，关乎企业发展的生命线。近年来，产品质量问题引起社会舆论的普遍关注，今已成为学术界研究的前沿领域之一。此前，国家质量监督检验检疫总局（现国家市场监督管理总局）召开新闻发布会，指出 2016 年上半年我国对缺陷汽车和消费品实施召回，涉及车辆和消费品数分别达到 881.82 万辆和 478.43 万件，较于 2015 年的同期分别增长了 107%和 738%（严冯敏，2016）。法国乳业巨头拉克塔利斯集团在 2017 年 12 月的问题奶粉事件曝光后，已先后 3 次召回其旗下的婴幼儿奶制品，涉及销售到全球 80 多个国家的大量产品，进而导致该集团蒙受数亿欧元的经济损失

(龚鸣，2018）。由此可见，产品的质量问题已成为供给侧的一个重要安全隐患，严重地影响库存系统的供应能力。此外，在实际问题中，尤其在电子商务的环境下，随着顾客对商品的体验信息越来越透明化，顾客的需求日趋依赖产品的质量水平。可见，产品质量水平的不确定性给库存系统的优化与控制带来一定的挑战。

（2）供应链的供应不确定性。日本"3·11"大地震、由美国发起的中美贸易摩擦、新冠疫情等突发事件的发生，对全球供应链的稳定性和持续性产生严重的影响。Saghafian 和 Van-Oyen（2016）根据商业持续协会（Business Continuity Institute）调研数据指出，全球 85% 的公司每年至少经历 1 次供应链中断，而每年面临 1～5 次供应中断的公司超过 50%。可见，供应链中断已成为库存系统在运作过程中要面临的主要风险源之一，一般情况下其可分为三种情况：供应商供应中断、生产运营中断和客户脉冲式紧急订单。因此，根据上述不同情况建立有效的供应链中断风险应急管理机制，有益于提升企业运作与管理的绩效。

（3）干预作用的不确定性。供应链中的一些超预期因素仅对供应链的需求侧产生影响，而有些仅对供给侧发生干预作用。比如，卡塔尔世界杯淘汰赛阶段，每场比赛的结果直接影响"世界小商品之都"义乌的商户销售量（新浪财经，2022）。由此可见，卡塔尔世界杯期间，球队竞技的随机性结果对球队关联性产品的需求具有重要的干预作用。再如，纺织业智库 CCFGroup 援引数据显示，"2·6" 土耳其地震造成严重的交通物流中断、房屋倒塌和设备损坏，预计将会不同程度地影响加济安泰普地区制造商的产能，但对需求侧未产生影响（搜狐财经，2022）。由此可见，供应链中的超预期因素对供需两侧的干预作用具有不同的属性。

1.1.2 研究意义

供需两侧质量水平的不确定性、供应链的中断性、供需的不匹配性、需求信息的不完整性等不完备性因素，给供应链的运作与管理带来了严峻的挑战：①在产品质量水平不确定的情况下，如何制定科学的订购策略，以实现供应链的安全管理和绩效目标；②在供应不确定的情形下，如何建立有效的供应链风险决策机制，以提升企业运作与管理的绩效性；③如何将供需两侧中的随机流纳入决策模型的理论框架，并导出相应的决策机制，以规避系统在运作过程中的风险性。

本书拟基于不完备供需两侧视角研究供应链的风险决策问题。Poundstone（2011）从人类进化论的视角给出了决策者风险偏好性起源的详细解释，并认为人类在不确定的生存环境下就会形成这种特殊的心理活动，即决策者在承担风险的环境下所表现出的偏好性特征。由于库存系统的决策优化程度取决于决策者所做的决策选择，而决策者在不确定环境下所做出的决策受其风险偏好的影响，因此，在供给侧和需求侧的不完备条件下，决策者所持有的风险态度对供应链的运作管理过程具有重要的影响。

本书拟以上述所列举的课题背景为研究导向，在不完备供需两侧的条件下，通过解决上述所提出的问题，以期实现以下理论意义与实际意义：

（1）理论意义。在供给侧和需求侧的不完备条件下，本书拟以决策维度多元化和集成式的创新理念为课题研究的基本路径，进而导出以泊松过程、马尔可夫过程、风险测度论及随机库存理论和方法为理论框架的供应链决策模型及其最优解。因此，在此情形下考虑供应链的风险决策问题，理论上有助于拓展供应链的决策模型在实际应用中的适应性，以及进一步完善供应链的决策机制并丰富运筹学的理论和方法，为供应链控制策略提供新的数学建模视角，并深化对不完备性因素在供应链传导机理上的认知，促进供应链理论和方法在风险控制领域的研究发展。

（2）实际意义。本书拟将上述所列举的实际背景作为研究导向，通过供应链运作与管理中的典型案例，以及数值模拟和仿真方式，论证相关决策模型的有效性和可行性，并将由模型的相关结论和管理启示形成的相应的理论工具包运用于企业的运作管理。因此，实践上有助于企业管理者建立科学的决策机制，帮助供应链上企业在不完备的条件下有效控制风险，保障库存系统在运营过程中健康有序发展，以提升供应链运作与管理的绩效性。

1.2 课题来源及研究内容

本书的研究内容分别来自陈杰教授主持的国家自然科学基金资助项目"不完备供需两侧下带有风险厌恶的库存控制策略研究"（项目编号：72061011）和李胃胜副教授主持的海南省自然科学基金高层次人才项目"多重随机环境下带有风险厌恶的库存决策研究"（项目编号：721RC749）及"多重风险流下供应链的决策模型"（项目编号：624MS070）。拟展开的研究内容具体如下：

(1) 单侧干预作用下，研究构建供应链带有随机供需两侧的决策模型。在俄乌冲突、近年来疫情多地散发、多点频发及美国继续对华高科技封锁打压等背景下，由不确定性事件形成的风险流对供给侧或需求侧具有重要的影响。在实际问题中，各风险流的基本属性有所不同，因此对供应链所施加的作用亦有相异之处。比如，干预作用的单侧性，即风险流仅对需求侧产生扰动性作用，而对供给侧却无影响，或风险流仅对供给侧产生扰动性作用，而对需求侧却无影响。因此，将风险流的单侧干预作用纳入供应链的决策机制，有助于完备化供应链的理论和方法。

(2) 双侧干预作用下，研究构建供应链带有多重随机流的决策模型。在供应链运作与管理的某些实际问题中，供需两侧均存在不确定因素，进而使风险流对决策机制产生干预作用，如需求侧受到风险流的干预作用，而供给侧受到风险流的影响。在此情况下，供需两侧均受到风险流的影响。因此，有必要将风险流在供需两侧的传导机理融合到决策模型的理论框架中，以拓展供应链的理论与方法在实际问题中的应用。

(3) 构建不完备质量下供应链的决策模型。质量水平的不完备性是供应链的重要风险源之一，给供应链优化与控制的研究带来巨大的挑战。产品质量的不完备性往往会诱发供需、进货价、批发价、残值、风险偏好等要素的随机波动性，进而产生涟漪效应，对决策机制产生影响。为此，本书拟在不完备质量的情况下构建新的决策模型，以揭示质量涟漪效应与供应链决策机制之间的传导机理。

1.3 拟解决的关键问题

本书拟以供需两侧的不完备性为决策导向，进而在系统性、综合性和整体性分析问题的基础上，把超预期因素的随机性特征纳入供应链决策机制的理论框架，以促进决策维度沿多元化方向拓展和延伸。因此，本书拟解决的关键科学问题具体如下：

(1) 解决风险流在供需两侧中传导机制的构建问题。风险流在供需两侧中的传导方式和扩散路径，具有复杂非线性随机系统的本质特征。因此，在决策环境中存在风险流的情况下，要构建新的决策模型，需要借助泊松过程、马尔可夫过程等随机理论和方法刻画风险流的统计规律性，进而解决超预期因素在供需两侧中的传导机理的构建问题，以有效识别多重随机流的传导方式和扩散路径。

（2）解决风险流与风险厌恶因子之间的镜像关联性问题。一般情况下，当处于不确定的环境时，决策者在决策过程中就会表现出一定的风险厌恶偏好性。同时，随着供应链的超预期因素增大及其交互作用的叠加增速，决策者的风险应激反应机制的结构具有复杂化特征，进而导致映射到风险厌恶因子中的数字镜像凸显非线性扭曲的基本属性。因此，科学有效地解决风险流与风险厌恶因子之间的镜像关联性问题，有助于构建多重随机环境下带有风险厌恶的决策模型。

（3）解决质量的不完备性与报童模型之间的理论深度融合性问题。报童模型是供应链运作与管理的核心理论之一，而随机需求的概率密度函数是该模型的理论基础。在需求侧受到质量波动性干预作用的情况下，经典的报童模型一般假设不确定需求为一个连续型的随机变量，但是泊松过程和马尔可夫过程是刻画离散型随机变量统计结构的重要理论工具，两者之间在理论上难以实现兼容。可见，两者之间在理论的功能上具有互为对立的基本属性。因此，如何将泊松过程和马尔可夫过程以集成化方式深度融合到报童模型的理论框架，是本书拟解决的关键科学问题之一。

1.4 研究方法和技术路线

1.4.1 研究方法

本书在文献回顾和评述的基础上，通过数学建模、理论推导、数值模拟与仿真相结合的方式，针对不完备供需两侧下供应链优化与控制问题进行了研究，主要运用以下研究方法和工具：①运筹学中的非线性规划方法；②随机系统优化与控制理论；③随机过程中的马尔可夫链和泊松分布；④金融风险管理理论中的风险价值和条件风险价值理论；⑤数学软件中的 MATLAB 和 LINGO。

因为对于在不完备供需两侧下的报童模型，需要在理论上论证模型最优解的存在性和唯一性，所以本书拟运用非线性规划中的极值理论来解决此问题。马尔可夫链和泊松分布作为研究风险决策最主要的理论工具之一，已广泛应用到物流与供应链决策、期权定价、保险、股票和金融等研究领域。因为供应链在供需两侧受到风险流的影响下，需要不确定性理论来刻画风险流的传导机理，所以本书拟运用马尔可夫链和泊松分布等基本理论，解决风险流在供需两侧中的传导与扩散问题。同时，在集成多重随机流于模型框架的情况下，决策模型的求解过程具有非线性结构的特征属性，故借助MATLAB 和 LINGO 等数学软件可以实现相关模型的数值模拟和仿真过程。

1.4.2 技术路线

本书在不完备供需两侧的决策环境下，考虑了供应链的决策优化与控制问题，具体的技术路线如图1.1所示。

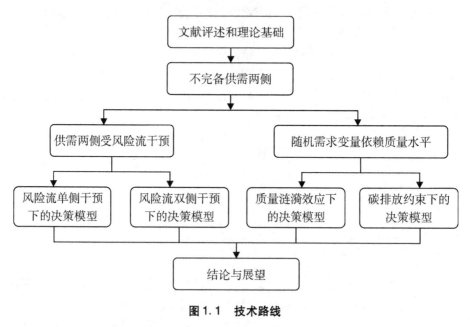

图 1.1 技术路线

1.5 本书的特色与创新之处

本书的特色和创新之处，主要体现在以下两个方面。

1. 研究视角方面

一方面，多重化风险流的干预机理，深度揭示供应链决策机制的数字镜像。在随机供需两侧下，目前国内诸多学者在相关领域的研究取得阶段性的丰富成果，但是在描述供需两侧的随机性时，当前成果大多假设随机需求或随机供应能力为既定的分布函数，从而忽略了各种风险流对供需两侧的干预作用，故如何刻画多重超预期因素在供需两侧中的传导机理，进而构建相应的决策机制，有待于进一步研究和拓展。因此，有必要将对供需两侧产生干预作用的随机因素，由单一维度拓展到多元化维度，凝练出相关研究领域的科学问题，进而构建供需两侧带有多重随机流的决策模型，以揭示多重随机流的统计规律性映射在决策机制的数字镜像。

另一方面，完备化风险厌恶的示性机制，体现基础性决策理论的学术价值。在不确定的生存环境下，人类会形成特殊的心理活动，即决策者在承担风险的环境下所表现出来的风险厌恶偏好性特征。然而，在多重随机因素的干预作用下，目前学术界鲜有建立风险厌恶因子与供需两侧的随机性之间的关联性，进而考虑供应链的决策优化问题。同时，在多重随机流干预的情况下，风险厌恶的示性机理有待于进一步深入认知。因此，如何运用数学理论工具刻画多重随机流在风险厌恶因子和供需两侧中的传导机理，并构建相应的决策模型，对于基础性决策理论的研究而言，具有重要的学术价值。

2. 研究理论与决策机制设计方面

一方面，交叉融合多理论为一体，形成决策理论与方法的集成化特色。要科学有效解决多重随机因素的统计性规律在供应链供需两侧中的传导和扩散问题，进而构建带有风险厌恶偏好的决策机制，需要借助泊松过程、马尔可夫过程、风险测度论及随机库存决策模型等理论和方法。因此，在多重供需随机因素的涟漪效应下构建带有风险厌恶的决策模型，有助于促进供应链理论与方法的集成化发展。

另一方面，多指标基的风险评估机制，突出模型理论设计的完备化特色。在多重随机因素的干预作用下，供应链的决策机制凸显了复杂非线性随机系统的本质特征。如何有效评估供应链的潜在风险，成为运作与管理过程中的核心问题。因此，在风险评估机制的理论设计过程中，以多指标基为导向，有助于全面评估供应链的韧性和稳定性。

1.6 本书结构

本书的研究内容和决策模型的理论设计由陈杰教授统筹规划。本书由10章组成，第1章由陈杰教授执笔撰写，第2—6章及第7—10章的研究内容，分别由邢灵博副教授和李胃胜副教授执笔撰写。具体的内容结构如下：

第1章。本章为绪论部分，主要介绍本书的选题背景和研究意义，并提出研究内容及拟解决的关键问题。同时，本章介绍了研究的思路和方法及技术路线，并系统给出研究的主要创新和特色之处。

第2章。本章主要从不完备质量、不确定供需两侧、风险厌恶的研究视角对相关领域的研究文献进行系统综述，并总结相关研究领域所采取的核心决策理念及所采用的主要决策方法和理论。同时，本章在文献调研的基础上指出本书研究内容的导向和意义。

第3章。本章在需求侧受到风险流的干预作用下研究二级供应链的协调契约问题。为了将风险流的传导机理纳入模型的理论框架，本章采用泊松分布刻画风险流的统计性规律，进而基于报童模型的理论基础，分别建立集中式决策和分散式决策下供应链的决策模型，并导出风险流干预作用-协调契约机制。

第4章。本章主要基于泊松过程理论刻画风险流在供需两侧中的传导机理，进而基于报童模型的理论基础，将缺货成本纳入决策模型的理论框架，导出相应的决策机制，并通过新模型的相关理论及其数值模拟与仿真，得出一些重要结论和管理启示。

第5章。在需求侧存在风险流的情况下，供应链的随机需求变量受到一定的干预作用，进而诱发相关的扰动，并对决策机制产生重要影响。为此，本章利用泊松过程理论给出风险流在需求侧中的干预作用机理，进而联合报童模型的理论框架提出新的决策模型。

第6章。本章主要基于泊松过程理论刻画风险流在供给侧中的干预机理，进而将该干预机理深度融合到报童模型的理论框架，从而构建了随机需求下供给侧带有泊松流的风险厌恶报童模型，并经过理论推导得出模型的最优解。

第7章。本章在假设产品消费需求依赖于质量水平的条件下，将产品质量水平的周期波动视为一个随机过程，利用马氏理论描述该产品质量过程的统计性规律，进而将"不完备质量"的决策理念纳入经典库存模型的理论框架，构建考虑产品消费需求依赖于产品质量与零售价格的定价和订货联合决策模型。

第8章。本章在假设需求、订货价、残值等因素依赖于质量水平的条件下，将产品质量水平的周期波动视为一个随机过程，并借助随机过程的理论方法，构建考虑产品质量涟漪效应的定价和订货联合决策模型。

第9章。本章在假设产品消费需求对产品质量水平敏感的情形下，将产品质量水平的周期波动视为一个随机过程，并借助随机过程的理论方法，构建考虑产品质量水平和碳交易机制的库存决策模型。

第10章。本章考虑供应商产品质量水平随机波动性、零售商的风险规避特性和促销努力程度的影响，运用条件风险价值（conditional value at risk，CVaR）准则度量零售商的风险规避特征和运作绩效，构建不完备质量与促销努力下的风险厌恶库存决策模型。

第2章 国内外研究现状及发展动态分析

本书主要以供需两侧存在的不确定因素为研究对象,如质量水平的不确定性、供应随机中断性、需求不确定性等方面的不完备因素,进而将风险厌恶作为研究视角来研究供应链的风险决策问题。以下主要从供需两侧的不完备性、风险厌恶等方面,对国内外研究现状和发展动态进行梳理和评述。

2.1 不完备供给侧下的决策模型

本书拟研究不完备供给侧下供应链的优化决策问题,主要体现在不完备质量和供应中断这两个方面。

2.1.1 不完备质量下的决策模型

库存系统优化与控制策略的基本思想就是在满足顾客需求的前提条件下,实现库存系统运作与管理成本的最小化,其理论基础源自著名的经济订货批量(economic order quantity,EOQ)模型。Khan 等(2011)就 EOQ 模型理论与方法的发展历程得出深刻的结论,即认为 EOQ 模型的理论基础源自 Harris 在 1913 年针对银行货币储备问题的研究所提出的现金储备模型,该模型对于库存系统优化与控制的基础性研究具有重要的理论意义,奠定了供应链运作与管理的理论基础。

产品质量的不完备性主要指的是产品质量水平(缺陷率的高低)存在随机波动的现象。经典的 EOQ 模型的假设条件较为完备化,难以拓展其在实际应用领域中的普适性。针对库存中存在不完备(产品质量存在缺陷)的决策问题,Porteus(1986)率先展开了带有不完备质量因素的库存系统优化与控制问题的研究,该研究成果在相关领域内具有先驱性的意义,意味着非完备条件下的库存优化理论进入萌芽阶段,进一步拓展了不完备条件下的库存决策理论与方法。不完备质量下的库存系统优化与控制问题已成为当今国内外学者关注的研究热点之一，其所涉及的具体内容如下：

质量存在缺陷的产品进入库存系统的流通过程，会对库存管理的优化与控制策略产生一定的影响。Cheikhrouhou 等（2018）的研究成果体现了质检工作对库存系统的优化与控制策略的重要性，模型的相关结论表明在产品进入流通领域之前加强质检过程，有利于提高库存系统的管理水平。伏开放和陈志祥（2018）考虑将风险质检纳入库存系统优化与控制策略，解决了由一个制造商与一个零售商构成的生产–库存问题。Ouyang 和 Wu（1999）在不完备质量下考虑带有提前期因素的决策模型，相关的研究成果充分体现了提前期在库存系统的优化与控制中发挥的作用。Bräuer 和 Buscher（2018）研究了带有学习效应的不完备质量的库存模型，认为库存管理者可以运用学习效应的相关理论和方法来实现库存系统的决策优化目标。Jaber 等（2014）、Ullah 和 Kang（2014）、Manna 等（2017）、魏津瑜等（2019）、胡劲松和郭彩云（2009）等学者分别在折扣、返修、易变质、退货等条件下建立了不完备质量的 EOQ 模型，并进一步完善和丰富了库存决策的理论和方法。以上学者主要从质检策略、允许缺货、延期供货、提前期、折扣、学习效应、返修和退货等决策理念视角，对不完备质量的库存决策模型进行拓展性研究。

部分学者主要以建模方法为导向，拓展了不完备质量的库存模型。Cheng（1991）在需求依赖单位生产成本和不完备生产过程的条件下，拓展了 EOQ 决策模型的理论基础，并利用几何规划（geometric program，GP）给出模型的最优解，而 Khalilpourazari 等（2019a，2019b）则分别运用非线性规划和鲁棒模糊数学方法构建了带有约束条件的不完备质量 EOQ 模型。Ouyang 等（2006）运用极大极小自由分布（minimax distribution-free）的方法构建了新的 EOQ 模型，并通过算例证明该模型结论的合理性。Sarkar（2019）则运用拉格朗日方法拓展了带有缺陷率的 EOQ 模型。以建模的研究方法为导向的研究工作，即用新的理论来解决老问题，有助于丰富库存系统的分析工具及推动决策理论的向前发展，进而拓宽了相关的基础模型在实际应用中的适应性。

综上所述，针对不完备质量库存系统优化问题的研究，在 EOQ 模型中分别纳入质检策略、允许缺货、延期供货、提前期、折扣、学习效应、返修和退货等决策理念是该研究领域的主流思想，而考虑信用支付因素及多级化下的联合库存控制策略则成为该研究领域的主要趋势。虽然在建模方法的导向下，部分学者致力于将极大极小自由分布、报童模型、线性规划、非线性规划等数学理论纳入决策机制的理论体系，但 EOQ 模型仍是不完备质量库存系统的优化与控制策略的理论基础，而模糊数学理论是该研究领域的主要理论和方法。

2.1.2 供应随机中断下的决策模型

在供应链中断运作与管理的研究文献中，Meyer 等（1979）是最早采用库存的缓冲策略解决供应链中断风险问题的学者之一，Chao（1987）在此研究成果的理论基础之上做了进一步拓展性工作。国内外学者针对供应链中断下的库存决策问题的研究，主要体现在以下两个方面：

（1）以建模理论和方法为导向的基础性研究工作。①带有供应中断的 EOQ 模型和经济生产批量（economic production quantity，EPQ）模型。EOQ 模型是连续盘点下最基本的库存决策模型，Parlar 和 Berkin（1991）率先将"供应中断"理念纳入该模型的理论框架，构建了带有供应中断的库存模型。在供应中断的条件下，Salehi 和 Taleizadeh（2016）、Giri 和 Sharma（2016）、Sevgen 和 Sargut（2019）等人进一步拓展了带有供应中断的库存模型的基础理论。Taleizadeh 等（2016）、Hishamuddin 等（2019）、Cunha 和 Delfino（2018）等学者在供应中断的条件下，提出了 EPQ 模型并导出相应的决策机制。②供应中断下带有 (s,S) 和 (r,Q) 的库存模型。在库存系统控制策略理论和方法的发展过程中，(s,S) 和 (r,Q) 订购策略起着重要的促进作用。为此，部分学者基于供应中断的视角，进一步拓展了 (s,S) 和 (r,Q) 库存系统的订购策略。在供应中断的情形下，Moinzadeh 和 Agarwal（1997）等人建立了带有 (s,S) 控制策略的库存决策模型，而 Mohebbi 和 Hao（2008）等学者则研究了带有 (r,Q) 控制策略的库存决策模型。③供应中断下的报童模型。Dada 等（2007）、Tomlin 和 Wang（2005）等人的研究工作体现了该领域的先驱性，奠定了带有供应中断的报童模型的理论基础。④其他重要决策理论和方法。由于供应中断和需求具有一定的随机性，因此需要借助随机过程理论来刻画其内在波动机理，如马尔可夫过程（陈俊霖等，2016；Hekimoğlu et al.，2018；Hosseini et al.，2020）。娄山佐等（2010a，2010b）在随机中断环境下，主要运用莱维过程、鞅论、连续时间马尔可夫链等理论研究了库存控制策略；Song 和 Zipkin（2009）主要运用泊松过程、排队论等理论解决了带有供应中断的库存决策问题。

(2) 以决策理念为导向的拓展性研究工作。①供应中断下带有价格策略的决策模型。价格策略是缓冲供应中断风险最有效的手段之一，Taleizadeh（2017）、Kumar（2018）、Wang 和 Sun（2021）、Golmohammadi 和 Hassini（2020）等学者在供应中断的情形下，研究了价格策略在决策机制中的作用。②供应中断下合同设计问题。为了建立有效的供应链中断风险应急管理机制，从而提升企业运作与管理的绩效性，Köle 和 Bakal（2017）、He 等（2019）、Cheaitou 和 Cheaytou（2019）等人研究了供应中断下的合同设计问题。③供应中断下双源采购决策模型。在供应链存在中断风险的情况下，采取双源采购决策是有效规避风险的战略运营模式。Zhang 等（2021）、Silbermayr 和 Minner（2016）、Gupta 和 Ivanov（2020）等学者主要基于能力约束、学习效应、共享经济等研究视角考虑了供应中断下的双源采购决策问题。④决策理念多级化的视角。Pal 等（2014）、Giri 和 Sarker（2019）、Olivares-Aguila 和 El-Maraghy（2021）等人主要以多级化的决策理念拓展了供应中断下的决策模型。

综上所述，以决策理念为导向的研究思路主要以完善决策机制的管理思想为目的，而以建模方法为导向的研究路径主要以完善和发展决策机制的理论体系为目标。前者的研究成果主要体现了决策维度的多元化过程，后者的研究往往在前者所提出的决策理念的基础上，通过运用不同的数学理论工具，在相应的决策理念下提出新的建模方法。两者的研究思想相互结合，有助于推动决策机制的思想和理论的向前发展。

2.2　不完备需求侧下的决策模型

目前学术界针对不完备需求下库存决策优化问题的研究，主要聚焦在两个方面。一方面，体现在预期需求信息的不完备性（imperfect advance demand information，IADI）。Hariharan 和 Zipkin（1995）为最早将顾客的预期需求信息（advance demand information，ADI）引入库存决策模型的学者之一，但其模型是在完备需求信息的条件下提出的，即要求顾客的预期订购量和截止日期是确定的。Dellaert 和 Melo（2003）在假定顾客的需求信息为部分可知的情形下，利用马尔可夫决策理论拓展了经典（s,S）型的库存优化模型，开辟了新的研究路径：IADI 下库存的优化与控制。Benjaafar 等（2011）在 IADI 条件下提出新的需求预测模型，并将此模型与传统的库存决策模型结合，得出 IADI 下库存的优化决策理论与方法。Topan 等（2018）在销售损失、退货等因素下考虑了 IADI 下库存的决策优化问题。Flapper 等（2012）假设顾客的需求和退货服从独立的泊松分布，构建了基于排队论 M/M/1 系统的生产－库存优化模型，进一步完善了 IADI 下的库存决策机制。另一方面，体现在截尾需求信息的不完备性（imperfect information with censored demand, IICD）。当顾客的实际需求大于库存的订购量时，超出库存系统订购量的那部分需求称为截尾需求。因此，当库存系统发生缺货现象时，产品的实际需求等于截尾需求加上销售量。随机需求变量是库存模型的理论基础，但是在一般的情形下很难估计出截尾需求的参数，因此为了拟出需求变量的密度函数，传统的处理方法就是视销售量为顾客的实际需求，进而根据销售数据的随机波动特征给出相应的密度函数。这种建模方式忽略了需求的截尾数据对其概率密度的影响，致使部分的需求信息删失，违背了数理统计中参数估计的基本原理。需求数据的截尾现象引起学术界广泛的关注，如今已成为供应链管理的前沿热点研究领域之一。在假设未满足的需求为部分失销的情况下，Nahmias 和 Smith（1994）利用伯努利分布的方法率先研究了 IICD 下的库存优化决策问题，Lariviere 和 Porteus（1999）则利用贝叶斯估计法进一步发展了该模型的决策理论。在报童模型的理论框架和 IICD 环境下，Bisi 和 Dada（2011）联合贝叶斯估计和马尔可夫决策过程理论研究了动态的学习效应、定价和订购及多周期等条件下库存系统的决策问题；Berk 等（2007）在将顾客的截尾需求视为贝叶斯更新过程的情况下，构建了最优订购模型；Zhang 等（2018）在产品具有易变质属性的环境下构建了周期盘点的 IICD 模型；Besbes 和 Muharremoglu（2013）则利用非参估计的方法解决了截尾需求的问题，并给出模型的最优订购策略。

上述研究成果主要通过对库存系统数据信息的采集，并利用概率论与数理统计的理论和方法对预期需求和截尾需求进行统计推断，给出不完备需求信息的统计规律性，进而联合经典的库存决策模型的理论和方法，解决 IADI 和 IICD 环境下库存系统的控制策略问题。

2.3　带有风险厌恶的决策模型

库存的决策风险源自系统的随机性因素，而决策者对待风险的态度具有一定的差异性，这就是学术界将风险厌恶因子引入决策理论的原因之一。供应链风险管理领域的主要研究方法有：①效用函数。Choi 和 Ruszczyński（2011）利用指数型效用函数来刻画决策者的风险偏好，并构建了多产品报童模型。沈厚才等（2004）假定决策者具损失规避效用函数，而且顾客订单不能部分交货，在此条件下提出了带有风险厌恶的决策模型，并讨论了最优采购决策的存在性。②服务水平。Federgruen 和 Yang（2009）在存在多个供应渠道且供应随机的条件下，对服务水平约束模型与成本最小化模型做了比较分析，并给出影响供应商的选择、订单数量和成本的因素。Xanthopoulos 等（2012）研究了两个供应商和一个批发商组成的供应链，对比了带有服务水平与库存满足率约束的报童模型的订货策略。③均值-方差。Kouvelis 等（2018）利用"均值-方差"理论研究了联合商品库存管理与财务套期保值的最优决策问题，并揭示了存货与金融套期之间的动态相互作用机理。王新辉和汪贤裕（2015）考虑了由一个风险中性的供应商和一个风险规避的销售商组成的二级供应链，并且基于均值-方差方法建立了非对称信息下的供应链模型。④风险价值（value at risk，VaR）。Kouvelis 和 Li（2019）在企业的需求与可交易金融资产的价格具有相关性的条件下，利用 VaR 风险测度理论提出了带有风险厌恶的报童模型。黄松等（2011）研究了一个两阶段供应链，建立了在 VaR 约束下的报童模型，提出一个收益分享契约。⑤条件风险价值（CVaR）。Fan 等（2020）在买方和供应商都是风险厌恶者的情形下，提出了带有期权契约的报童模型。许明辉等（2006）在 CVaR 准则下构建了新的报童模型，并考虑了缺货惩罚和风险厌恶程度对厌恶风险的零售商的最优定购数量的影响。冯艳刚和吴军（2015）在考虑突发事件导致决策者风险厌恶的情况下，利用 CVaR 准则构建了非合作博弈模型，并证明了纳什均衡的存在性与唯一性。

由于供应链的风险主要源于"四流"（商流、物流、信息流和资金流）在运作过程中的不确定性，因此上述学者主要致力于将引起"四流"不确定性的因素（如价格波动性、需求随机性、供应能力的不确定性等）作为拓展性研究工作的切入点，进而结合不同的决策理念提出不同的风险厌恶库存模型，以构建相应的决策机制。由此可见，供应链的风险源头成为研究风险库存问题的基本对象。因为供需两侧的不完备性对库存系统的优化与控制策略具有重要的影响，所以对库存系统的风险性进行研究，进而构建有效的风险评估和监控机制，有利于提高库存系统运作管理的绩效。

2.4 发展动态分析

根据以上对相关领域的文献综述，可抽象概括出相关研究领域的理论发展的哲学观：①在建模理论方面，主要以 EOQ 模型、报童模型、运筹学、模糊数学、博弈论、风险测度论和随机过程等理论作为决策方法的理论基础；②在模型的求解方面，主要采用了遗传算法、蚁群优化算法、粒子群优化算法、禁忌搜索算法等；③在决策理念方面，主要以供需不确定性、延期供货、缺货惩罚、允许缺货、价格策略、促销、竞争和合作、绿色供应链、风险偏好、人类的学习效应、信用支付、资金约束、预算约束、资源约束、能力约束等核心理念作为理论拓展的立足点，进而不断完善不同决策环境下的理论体系。

上述学者侧重于从质量的不确定性、供应链的中断性、需求信息的不完备性等孤立的视角出发，对库存系统进行纵深式的研究，极大地推动了整个理论体系的发展，丰富和完善了决策机制的理念和思想。然而，在供需两侧不完备性的决策环境下带有风险厌恶型的库存决策机制尚未形成，有待于进一步研究和解决。

一是不完备质量下供应链的决策模型有待于进一步拓展。目前国内外学者针对不完备质量下供应链决策问题的研究，着重于探究质量水平的不确定性对决策机制的影响，然而由质量水平诱发的价格、残值、需求、风险厌恶程度等因素的随机性对决策机制所产生的影响机理，有待于进一步研究。

二是风险偏好与供需两侧之间存在孤立性问题。在随机供需两侧下带有风险厌恶偏好的研究成果中，Wu 等（2013）的研究工作体现了"0 至 1"的创新理念，具有良好的基础性和代表性，导出了需求变量 x 和随机供应能力 w 满足以下等式关系：

$$F(x) = \frac{R-C}{R-V} \frac{\eta - G(w)}{1 - G(w)}$$

其中，η 为风险厌恶因子，$F(x)$ 和 $G(w)$ 分别为关于需求变量 x 和随机供应能力 w 的分布函数，R，C 和 V 分别为单位产品的销售价、单位生产成本和单位残差。由此可见，风险厌恶因子 η 与供需两侧的随机性处于孤立的状态，即两者之间无关联性。然而，根据 Poundstone（2011）基于人类进化论的视角所给出的研究结论可知，人类处于不确定的生存环境就会形成特殊的心理活动，即决策者在承担风险的环境下所表现出来的风险厌恶偏好。因此，在供应链的风险决策领域中，有必要将风险偏好性与供需两侧的随机性之间所产生的关联机理纳入决策模型的理论框架，以促进新的风险决策思维和理念的形成。

三是风险流在供需两侧中的传导机理及其在决策机制中的干预作用有待于进一步研究。如何刻画风险流在供需两侧的传导机理，关乎供应链的决策机制的可行性和有效性。过往研究成果主要侧重于将随机供应和随机需求假设为固定的分布函数，而忽视了超预期因素的干预作用与供需两侧之间的关联性。因此，有必要将风险流的干预机理纳入决策机制，以完备化供应链的理论与方法。

第3章 需求侧带有风险流下供应链的协调契约机制

3.1 引　言

供应链的协调问题关乎整体运作与管理的绩效性和公平性，为此诸多业界和学术界将此问题作为供应链的优化与控制的核心决策理念之一。在百年大变局的背景下，供应链的运作与管理受到多重超预期因素的影响，进而使供应链的风险流呈现易发、频发等特征。在实际问题中，由多重超预期因素形成的风险流对需求侧具有重要的干预作用。因此，将风险流的统计规律性纳入供应链的决策模型的理论框架，并导出新的协调契约机制，具有重要的实际和理论意义。

在需求侧受到不确定因素干预的情况下，现有的学术成果主要体现在如下方面：①需求依赖于质量水平。张斌和汪峻萍（2016）研究了需求受销售价格、广告投入、质量干预下的供应链最优决策问题，并分别给出了集中决策和分散决策下零售商的最优决策模型。李胄胜等（2018）在随机质量水平的决策环境下，考虑风险态度和市场需求依赖于质量水平的报童问题，并构建了带有 CVaR 准则的风险厌恶库存模型。陈杰等（2024）假设质量水平为一马尔可夫过程，并将马尔可夫理论和条件风险值准则纳入库存决策模型的框架，进而给出了质量依赖于质量水平下带有风险偏好的决策模型及其最优决策机制。②需求依赖于促销努力。禹海波等（2021）针对需求依赖促销努力水平和可变性水平的供应链决策问题，基于概率论中的均值保持变换和均值 - CVaR 准则，研究需求可变性降低和风险偏好对供应链系统的影响。王文隆等（2022）从时间维度的动态视角出发，以生鲜品双渠道供应链为研究对象，构建微分博弈模型，运用最优控制理论，分别求解集中决策和分散决策下供应链成员的动态联合决策，进一步设计收益共享契约来优化供应商的保鲜努力和零售商的促销努力，以及提升供应链绩效。常珊等（2022）针对上游制造商具有多种产能策略、下游零售商开展促销活动的两层供应链系统，利用 Stackelberg 博弈方法，比较分析了不同产能策略下的企业决策及利润。③需求依赖于库存水平。张旭梅等（2010）针对一个实施供应商管理库存（vendor managed inventory，VMI）的两级供应链，在其市场需求受库存水平和努力水平影响的情况下提出了决策模型。曹宗宏（2015）在单供应商和单零售商组成的供应链中，基于库存水平影响需求、存储时间影响产品的零售价格和存储费用，研究了供应链协调问题。郑梦和代文强（2022）研究了需求依赖于库存的易变质品在线采购问题，并设计出有效的在线竞争采购价格驱动的 (s, S) 策略。④需求依赖于价格。陈建新和周永务（2017）在传统的供应链研究中引入零售商公平关切态度，以核心供应商的利润作为公平关切参考点建立零售商的期望效用函数模型，研究了公平关切下需求依赖于价格的供应链运作策略。李小美等（2021）利用 Stackelberg 博弈模型研究价格柔性契约下零售商和供应商的策略，并考虑了加和型和乘积型价格影响需求两种情况，得出了价格柔性契约下零售商的最优定价及供应商的最优价格风险分担系数。邱若臻等（2023）研究了价格和交货期敏感需求下的双渠道供应链决策问题，建立了以制造商为主方，两个零售商为从方的 Stackelberg-Nash 博弈模型。

关于供应链协调契约问题的研究，目前所取得的阶段性研究成果，主要体现在四个方面。①带有批发价格契约的协调机制。陈戈等（2017）分别在随机需求和确定需求条件下，以批发价格契约为导向，研究了零售商采用 FS 公平偏好模型和 BO 公平偏好模型时零售商公平偏好行为对最优订货量、零售价格、供应商利润、零售商利润和供应链协调性的影响。代建生和李春玲（2022）在随机需求下，运用 FS 公平偏好理论模型探讨了供应链合作广告协调问题，并在批发价格契约下分析了零售商的公平偏好对订购和广告策略及渠道协调的影响。刘桂东等（2023）在随机需求和批发价契约下，考虑了由具有利他偏好的供应商和零售商组成的二级供应链的协调问题，该研究成果表明：仅在零售商同等考虑自身利润和供应商利润时，才有可能实现供应链协调。②带有回购契约的协调机制。Haq 和 Ertunga（2023）在回购合同的条件下，建立了考虑批发-Stackelberg 博弈的联合价格和补货设定报童模型。刘浪等（2021）在市场价格随机、生产成本信息不对称、零售商风险厌恶等条件下，采用回购契约协调分析了二级供应链的优化决策问题。代建生和李革（2023）在供应商面临资金约束且分担零售商的广告费、开展合作广告的情形下,从正常支付、零售商垫付广告费用和提前支付货款方面探讨了收益共享契约和回购契约的协调问题。③带有收益共享契约的协调机制。Wu 等(2023)在有限理性和资金约束的条件下,考虑带有收益共享契约的协调策略,并推导了银行融资和收益共享契约下最优解的存在性和唯一性条件。陈柳鑫等(2021)在零售商与供应商共担运费成本下,构建了零售商-第三方物流(third-party logistics,TPL)-供应商三级农产品的决策模型,并对该运费成本共担契约下零售商最优决策和供应链及其成员的最大利润进行分析。崔春岳等(2021)根据产品更新换代速度加快、生命周期越来越短的市场特性及碳配额阶梯状降低的特点,构建了两阶段的集中式决策系统模型和收益共享契约下分散式决策系统模型。④带有数量弹性契约的协调机制。John 和 Gurumurthy(2021)探讨了供应链中援助物资采购的数量弹性合同及贴现激励结合现货市场采购的可行性,并导出该契约能够实现供应商与高可用性(high availability,HA)系统协调的条件。逄金辉等(2019)考虑突发事件导致市场需求大幅波动、市场价格随机波动,构建了生产成本信息不对称时应急供应链的数量弹性契约模型,并导出模型的最优定价及订货策略。刘崇光和刘浪(2020)基于新的回收数量函数,建立应急数量弹性契约模型,探究闭环供应链协调的约束条件。

综上所述,在需求侧受到不确定因素干预的情况下,国内外学者主要以质量水平、努力程度、库存水平、价格波动性等因素作为领域拓展研究的基本路径,进一步完善了不确定需求情况下供应链的决策理论与方法。针对供应链协调契约机制的研究,诸多学者主要以批发价格、回购、收益共享、数量弹性等因素作为决策导向,建立了供应链的协调契约机制,从而提升运作与管理的绩效性和协同性,有效地克服了不确定因素所带来的负面影响。然而,现有的研究成果未能充分体现需求侧中的风险流对供应链的协调契约机制的干预作用。为此,本章拟利用泊松过程刻画风险流在需求侧中的传导机理,进而提出需求侧带有风险流干预作用下供应链的协调契约机制,以拓展理论模型在实际应用领域中的适应性。

3.2 模型构建

3.2.1 模型描述

在百年未有之大变局的环境下，由红海危机、俄乌冲突、自然灾害等突发事件诱发的风险流对供应链的决策机制产生了严重的影响。这里将此风险流记为 Z，并假设其随机特征为一个泊松过程，以揭示风险流的统计规律性，进而在需求侧受到风险流干预的情况下考虑由单一供应商和单一零售商组成的二级供应链协调契约问题。假设此二级供应链的管理者具有风险中性且理性的决策属性，双方以供应商为主导进行 Stackelberg 博弈，供应商向零售商提供一套基于风险流的回购契约机制，零售商据此契约参数制定相应的订购策略，以实现供应链的期望收益最大化目标。

为了给出风险流在需求侧中的传导机理，下面对模型参数和假设做出进一步说明。

(1) 设产品新的销售周期时长为 t，$N(t)$ 为风险流 Z 在 $(0,t]$ 内对需求侧发起冲击的次数，其在单位时间内产生的干预强度参数为 λ。由于在单位度量内随机事件发生的可能性可以通过泊松分布来刻画，因此 $N(t) \sim P(t\lambda)$，即

$$P\{N(t) = n\} = e^{-t\lambda}(t\lambda)^n/n! \qquad (3.1)$$

(2) 记 p，c 及 v 分别为单位产品的销售价、单位生产成本及单位残值，$w(n)$ 和 $b(n)$ 分别为在风险流 Z 的干预次数 $N(t)=n$ 时的单位批发价格和单位回购价格。由此，在风险流 Z 的干预次数 $N(t)=n$ 的情形下，可设供应链的协调契约机制为

$$\Xi(n) = \{w(n), b(n)\} \qquad (3.2)$$

(3) 设 X_n 为供应链受到风险流 Z 干预次数 $N(t)=n$ 时的市场需求。显然，X_0 为供应链未受到风险流 Z 干预下的市场需求。在实际问题中，由于风险流 Z 对需求侧发起的冲击次数越多，市场规模就愈加凸显收缩迹象。因此，为了更客观地描述风险流 Z 在需求侧中的传导机理，不妨假设在干预次数 $N(t)=n$ 情形下的市场需求为

$$X_n = \left(1 - \sum_{i=1}^{n} P\{N(t) = i\}\right) A X_0 + B \quad (3.3)$$

其中，A 为市场需求对风险流 Z 所产生干预作用的敏感系数，B 为市场规模的固定基数，且均满足 $A, B > 0$。因为 $\sum_{i=1}^{n} P\{N(t) = i\}$ 随着风险流 Z 的干预次数 $N(t) = n$ 的增大而增大，所以由式(3.3)的代数结构可知，需求变量 X_n 是关于 $N(t) = n$ 单调递减的函数。可见，通过式(3.3)可有效地刻画风险流 Z 在需求侧中的传导机理。

(4) 记需求变量 X_0 的概率密度与分布函数分别为 $f_{X_0}(x)$ 及 $F_{X_0}(x)$，且 $F_{X_0}(0) = 0$。于是，根据式(3.3)可以得出 X_n 的概率密度和分布函数，具体如下：

命题3.1 设需求变量 X_0 的概率密度与分布函数分别为 $f_{X_0}(x)$ 及 $F_{X_0}(x)$，则需求侧在受到风险流 Z 的干预次数 $N(t) = n$ 的条件下，需求变量 X_n 的概率密度为

$$f_{X_n}(x) = \frac{1}{\left(1 - \sum_{i=1}^{n} P\{N(t) = i\}\right) A} f_{X_0}\left(\frac{x - B}{\left(1 - \sum_{i=1}^{n} P\{N(t) = i\}\right) A}\right)$$

(3.4)

证明：因为 $X_n = \left(1 - \sum_{i=1}^{n} P\{N(t) = i\}\right) A X_0 + B$，所以

$$F_{X_n}(x) = P\{X_n \leq x\} = P\left\{\left(1 - \sum_{i=1}^{n} P\{N(t) = i\}\right) A X_0 + B \leq x\right\}$$

$$= P\left\{X_0 \leq \frac{x - B}{\left(1 - \sum_{i=1}^{n} P\{N(t) = i\}\right) A}\right\}$$

$$= \int_0^{\frac{x-B}{\left(1 - \sum_{i=1}^{n} P\{N(t) = i\}\right) A}} f_{X_0}(t) \mathrm{d}t$$

因此，有

$$f_{X_n}(x) = F'_{X_n}(x)$$

$$= \frac{1}{\left(1 - \sum_{i=1}^{n} P\{N(t) = i\}\right) A} f_{X_0}\left(\frac{x - B}{\left(1 - \sum_{i=1}^{n} P\{N(t) = i\}\right) A}\right) \quad \square$$

由命题3.1的结论可知，需求变量 X_0 与 X_n 之间具有重要的关联性，需

求变量 X_n 主要通过风险流 Z 的统计规律性,将其干预机理传导到随机变量 X_n 的概率密度与分布函数之中。

3.2.2 风险流干预下集中式供应链的决策模型

集中式供应链就是将供应商与零售商看成一个统一的经济实体,其决策准则是在供应链的全局决策模型下导出相应的最优订购策略,使供应链的整体利润达到最大化。令 Q_n 为供应链在风险流 Z 的干预次数 $N(t)=n$ 下的订购量,则供应链在此条件下的整体利润函数为

$$\pi(Q_n) = (p-c)Q_n - (p-v)(Q_n - X_n)^+ \quad (3.5)$$

其中,p,c,v 分别为单位产品的销售价格、生产成本和残值,$X_n = \left(1 - \sum_{i=1}^{n} P\{N(t)=i\}\right)AX_0 + B$。因为 X_n 是风险流 Z 干预次数 $N(t)=n$ 时的市场需求,所以式(3.5)充分体现了供应链的整体利润函数 $\pi(Q_n)$ 与风险流 Z 的统计规律性之间的关联性。于是,可以得出以下的结论:

命题3.2 设 Q_n 为供应链在 Z 的干预次数 $N(t)=n$ 时的订购量,令 $Q=(Q_1,Q_2,\cdots,Q_n,\cdots)$,则集中式决策下供应链的整体条件期望利润和整体期望利润分别为

$$E(\pi(Q_n)) = (p-c)Q_n - (p-v)\int_0^{Q_n} F_{X_n}(x)dx \quad (3.6)$$

$$E(\pi(Q)) = \sum_{n=0}^{+\infty} \frac{(t\lambda)^n e^{-t\lambda}}{n!} E(\pi(Q_n)) \quad (3.7)$$

其中,$X_n = \left(1 - \sum_{i=1}^{n} P\{N(t)=i\}\right)AX_0 + B$,$F_{X_n}(x) = \int_0^{\frac{x-B}{\left(1-\sum_{i=1}^{n} P\{N(t)=i\}\right)A}} f_{X_0}(t)dt$。

注: 供应链的整体条件期望利润指的是,供应链在集中式决策下,当风险流 Z 的干预次数 $N(t)=n$ 时,供应链所获取的期望利润。

证明: 由式(3.5)可知,在风险流 Z 的干预次数 $N(t)=n$ 的条件下,供应链的整体条件利润函数为

$$\pi(Q_n) = (p-c)Q_n - (p-v)(Q_n - X_n)^+$$

因此,得

$$E(\pi(Q_n)) = \int_0^{+\infty}[(p-c)Q_n - (p-v)(Q_n - x)^+]f_{X_n}(x)dx$$
$$= \int_0^{Q_n}[(p-c)Q_n - (p-v)(Q_n - x)]f_{X_n}(x)dx +$$

$$\int_{Q_n}^{+\infty} (p-c)Q_n f_{X_n}(x)\,\mathrm{d}x$$

$$= \int_0^{Q_n} [(v-c)Q_n + (p-v)x] f_{X_n}(x)\,\mathrm{d}x +$$

$$\int_{Q_n}^{+\infty} (p-c)Q_n f_{X_n}(x)\,\mathrm{d}x$$

$$= \int_0^{Q_n} (v-c)Q_n f_{X_n}(x)\,\mathrm{d}x + \int_0^{Q_n} (p-v)x f_{X_n}(x)\,\mathrm{d}x +$$

$$\int_{Q_n}^{+\infty} (p-c)Q_n f_{X_n}(x)\,\mathrm{d}x$$

$$= (v-c)Q_n F_{X_n}(Q_n) + (p-v)Q_n F_{X_n}(Q_n) - (p-v)\cdot$$

$$\int_0^{Q_n} F_{X_n}(x)\,\mathrm{d}x + (p-c)Q_n [1 - F_{X_n}(Q_n)]$$

$$= (p-c)Q_n F_{X_n}(Q_n) - (p-v)\int_0^{Q_n} F_{X_n}(x)\,\mathrm{d}x +$$

$$(p-c)Q_n [1 - F_{X_n}(Q_n)]$$

$$= (p-c)Q_n - (p-v)\int_0^{Q_n} F_{X_n}(x)\,\mathrm{d}x \text{。}$$

又因为干预次数 $N(t) \sim P(t\lambda)$,所以 $P\{N(t) = n\} = \mathrm{e}^{-t\lambda}(t\lambda)^n/n!$,故供应链的整体期望利润函数为

$$E(\pi(Q)) = \sum_{n=0}^{+\infty} P\{N(t) = n\} \Big[(p-c)Q_n - (p-v)\int_0^{Q_n} F_{X_n}(x)\,\mathrm{d}x\Big]$$

$$= \sum_{n=0}^{+\infty} \frac{(t\lambda)^n \mathrm{e}^{-t\lambda}}{n!} \Big[(p-c)Q_n - (p-v)\int_0^{Q_n} F_{X_n}(x)\,\mathrm{d}x\Big] \quad \square$$

在实际问题中,风险流的统计规律性对需求侧具有重要的影响。然而,传统的决策模型中,只是假设需求变量服从某个既定的分布函数来刻画需求侧的随机性与决策机制之间的关联性,会导致无法深入揭示风险流的统计规律性是如何干预决策机制的演变过程。命题3.2的结论克服了上述的局限性,即基于泊松过程提出风险流在需求侧的传导机理,进而将该传导机理深度融合到供应链的决策机制。因此,由新模型导出的决策机制具有一定优越性。

评价一个决策模型是否具有可行性和有效性,关键在于其是否存在最优解。下面根据式(3.6)导出决策模型的最优解。

命题3.3 设供应链受到风险流 Z 的干预次数 $N(t) = n$,Q_n^* 为在干预次数 $N(t) = n$ 下的最优条件订购量,Q^* 为最优期望订购量,则 Q_n^* 和 Q^*

满足如下等式，即

$$Q_n^* = F_{X_n}^{-1}\left(\frac{p-c}{p-v}\right) \tag{3.8}$$

$$Q^* = \sum_{n=0}^{+\infty}\frac{(t\lambda)^n \mathrm{e}^{-t\lambda}}{n!}Q_n^* \tag{3.9}$$

其中，$X_n = \left(1 - \sum_{i=1}^{n}P\{N(t)=i\}\right)AX_0 + B$，$F_X(x) = \int_0^{x-B}\overline{\left(1-\sum_{i=1}^{n}P\{N(t)=i\}\right)A}f_{X_0}(t)\mathrm{d}t$。

证明：首先对式(3.6)求关于 Q_n 的一阶偏导数，得

$$\frac{\partial E(\pi(Q_n))}{\partial Q_n} = (p-c) - (p-v)F_{X_n}(Q_n)$$

令 $\dfrac{\partial E(\pi(Q_n))}{\partial Q_n} = 0$，解得 $Q_n^* = F_{X_n}^{-1}\left(\dfrac{p-c}{p-v}\right)$。又因为 Q_n^* 为在干预次数 $N(t)=n$ 下的最优条件订购量，且 $P\{N(t)=n\} = \dfrac{(t\lambda)^n}{n!}\mathrm{e}^{-t\lambda}$，所以供应链的最优期望订购量 $Q^* = \sum_{n=0}^{+\infty}\dfrac{(t\lambda)^n \mathrm{e}^{-t\lambda}}{n!}Q_n^*$。 □

3.2.3 风险流干预下分散式供应链的决策模型

分散式决策是将供应链中的供应商和零售商视为相互独立的决策单体，其运作目标为各自采取最优策略以实现自身的期望利润最大化。令 Q_{R_n} 为零售商在风险流 Z 的干预次数 $N(t)=n$ 时的订购量，则可得分散式决策下供应商和零售商的利润函数。

零售商的利润函数为

$$\pi_R(Q_{R_n}) = [p-w(n)]Q_{R_n} - [p-b(n)](Q_{R_n}-X_n)^+ \tag{3.10}$$

供应商的利润函数为

$$\pi_S(Q_{R_n}) = [w(n)-c]Q_{R_n} - [b(n)-v](Q_{R_n}-X_n)^+ \tag{3.11}$$

于是，当风险流 Z 的干预次数 $N(t)=n$ 时，根据式(3.10)可得零售商的条件期望利润和整体期望利润，详见命题3.4的结论。

命题3.4 设 Q_{R_n} 为零售商在风险流 Z 的干预次数 $N(t)=n$ 时的订购量，令 $\boldsymbol{Q}_R = (Q_{R_1}, Q_{R_2}, \cdots, Q_{R_n}, \cdots)$，则分散式决策下零售商的条件期望利润和整体期望利润分别为

$$E(\pi_R(Q_{R_n})) = [p-w(n)]Q_{R_n} - [p-b(n)]\int_0^{Q_{R_n}}F_{X_n}(x)\mathrm{d}x \tag{3.12}$$

$$E(\pi_R(Q_R)) = \sum_{n=0}^{+\infty} \frac{(t\lambda)^n e^{-t\lambda}}{n!} E(\pi(Q_{R_n})) \qquad (3.13)$$

其中，$X_n = \left(1 - \sum_{i=1}^{n} P\{N(t) = i\}\right) A X_0 + B$，$F_X(x) = \int_0^{\overline{\frac{x-B}{(1-\sum_{i=1}^{n} P\{N(t)=i\})A}}} f_{X_0}(t) \mathrm{d}t$。

证明： 由式(3.11)可知，在风险流的干预次数 $N(t) = n$ 的条件下，供应商的条件利润函数为

$$\pi_R(Q_{R_n}) = [p - w(n)] Q_{R_n} - [p - b(n)] (Q_{R_n} - X_n)^+$$

因此，得

$$E(\pi(Q_{R_n})) = \int_0^{+\infty} \{[p - w(n)] Q_{R_n} - [p - b(n)](Q_{R_n} - x)^+\} f_{X_n}(x) \mathrm{d}x$$

$$= \int_0^{Q_{R_n}} \{[p - w(n)] Q_{R_n} - [p - b(n)](Q_{R_n} - x)\} f_{X_n}(x) \mathrm{d}x +$$

$$\int_{Q_{R_n}}^{+\infty} [p - w(n)] Q_{R_n} f_{X_n}(x) \mathrm{d}x$$

$$= \int_0^{Q_{R_n}} [b(n) - w(n)] Q_{R_n} + [p - b(n)] x\} f_{X_n}(x) \mathrm{d}x +$$

$$\int_{Q_{R_n}}^{+\infty} [p - w(n)] Q_{R_n} f_{X_n}(x) \mathrm{d}x$$

$$= \int_0^{Q_{R_n}} [(b(n) - w(n)) Q_{R_n} f_{X_n}(x) \mathrm{d}x + \int_0^{Q_{R_n}} [(p - b(n)] f_{X_n}(x) \mathrm{d}x +$$

$$\int_{Q_{R_n}}^{+\infty} [p - w(n)] Q_{R_n} f_{X_n}(x) \mathrm{d}x$$

$$= [b(n) - w(n)] Q_{R_n} F_{X_n}(Q_{R_n}) + [(p - b(n)] Q_{R_n} F_{X_n}(Q_{R_n}) -$$

$$[(p - b(n)] \int_0^{Q_{R_n}} F_{X_n}(x) \mathrm{d}x + [p - w(n)] Q_{R_n} [1 - F_{X_n}(Q_{R_n})]$$

$$= [p - w(n)] Q_{R_n} - [(p - b(n)] \int_0^{Q_{R_n}} F_{X_n}(x) \mathrm{d}x$$

又因为干预次数 $N(t) \sim P(t\lambda)$，所以 $P\{N(t) = n\} = e^{-t\lambda} (t\lambda)^n / n!$，故零售商的期望利润函数为

$$E(\pi_R(Q_R)) = \sum_{n=0}^{+\infty} P\{N(t) = n\} \{[p - w(n)] Q_{R_n} - [p - b(n)] \cdot$$

$$\int_0^{Q_{R_n}} F_{X_n}(x) \mathrm{d}x\}$$

$$= \sum_{n=0}^{+\infty} \frac{(t\lambda)^n e^{-t\lambda}}{n!} E(\pi(Q_{R_n})) \qquad \square$$

因为分散式决策下供应商的需求为零售商的订购量 Q_{R_n}，所以基于报童

模型的理论框架,并结合式(3.11)可得,供应商在风险流的干预次数 $N(t)=n$ 下的条件期望利润和整体期望利润。

命题3.5 记 $\boldsymbol{Q}_R = (Q_{R_1}, Q_{R_2}, \cdots, Q_{R_n}, \cdots)$,其中 Q_{R_n} 为零售商在 Z 的干预次数 $N(t)=n$ 下的订购量,则分散式决策下供应商的条件期望利润和整体期望利润分别为

$$E(\pi_S(Q_{R_n})) = [w(n) - c]Q_{R_n} - [b(n) - v]\int_0^{Q_{R_n}} F_{X_n}(x)\mathrm{d}x \quad (3.14)$$

$$E(\pi_S(\boldsymbol{Q}_R)) = \sum_{n=0}^{+\infty} \frac{(t\lambda)^n \mathrm{e}^{-t\lambda}}{n!} E(\pi_S(Q_{R_n})) \quad (3.15)$$

其中,$X_n = \left(1 - \sum_{i=1}^n P\{N(t)=i\}\right)AX_0 + B$,$F_{X_n}(x) = \int_0^{\frac{x-B}{\left(1-\sum_{i=1}^n P\{N(t)=i\}\right)A}} f_{X_0}(t)\mathrm{d}t$。

证明: 由式(3.11)可知,在风险流 Z 的干预次数 $N(t)=n$ 下,供应商的条件利润函数为

$$\pi_S(Q_{R_n}) = [w(n) - c]Q_{R_n} - [b(n) - v](Q_{R_n} - X_n)^+$$

因此,得

$$\begin{aligned}
E(\pi_S(Q_{R_n})) &= \int_0^{+\infty} \{[w(n) - c]Q_{R_n} - [b(n) - v](Q_{R_n} - x)^+\} f_{X_n}(x)\mathrm{d}x \\
&= \int_0^{Q_{R_n}} \{[w(n) - c]Q_{R_n} - [b(n) - v](Q_{R_n} - x)\} f_{X_n}(x)\mathrm{d}x + \\
&\quad \int_{Q_{R_n}}^{+\infty} [w(n) - c]Q_{R_n} f_{X_n}(x)\mathrm{d}x \\
&= \int_0^{Q_{R_n}} \{[w(n) - b(n) - c + v]Q_{R_n} + [b(n) - v]x\} f_{X_n}(x)\mathrm{d}x + \\
&\quad \int_{Q_{R_n}}^{+\infty} [w(n) - c]Q_{R_n} f_{X_n}(x)\mathrm{d}x \\
&= \int_0^{Q_{R_n}} [w(n) - b(n) - c + v]Q_{R_n} f_{X_n}(x)\mathrm{d}x + \\
&\quad \int_0^{Q_{R_n}} [b(n) - v]x f_{X_n}(x)\mathrm{d}x + \int_{Q_{R_n}}^{+\infty} [w(n) - c]Q_{R_n} f_{X_n}(x)\mathrm{d}x \\
&= [w(n) - b(n) - c + v]Q_{R_n} F_{X_n}(Q_{R_n}) + \\
&\quad [b(n) - v]Q_{R_n} F_{X_n}(Q_{R_n}) - [b(n) - v]\int_0^{Q_{R_n}} F_{X_n}(x)\mathrm{d}x + \\
&\quad [w(n) - c]Q_{R_n}[1 - F_{X_n}(Q_{R_n})] \\
&= [w(n) - c]Q_{R_n} - [b(n) - v]\int_0^{Q_{R_n}} F_{X_n}(x)\mathrm{d}x
\end{aligned}$$

又因为干预次数 $N(t) \sim P(t\lambda)$,所以 $P\{N(t)=n\} = \mathrm{e}^{-t\lambda}(t\lambda)^n / n!$,故

供应商的期望利润函数为

$$\begin{aligned}E(\pi_S(\boldsymbol{Q}_R))&=\sum_{n=0}^{+\infty}P\{N(t)=n\}\Big\{[w(n)-c]Q_{R_n}-[b(n)-v]\cdot\\&\quad\int_0^{Q_{R_n}}F_{X_n}(x)\mathrm{d}x\Big\}\\&=\sum_{n=0}^{+\infty}\frac{(t\lambda)^n\mathrm{e}^{-t\lambda}}{n!}\Big\{[w(n)-c]Q_{R_n}-[b(n)-v]\cdot\\&\quad\int_0^{Q_{R_n}}F_{X_n}(x)\mathrm{d}x\Big\}\quad\square\end{aligned}$$

根据命题 3.4 和命题 3.5 的结论，并结合命题 3.3 的证明过程，可以直接导出供应商和零售商的最优条件订购量和最优期望订购量，详见命题 3.6 的结论。

命题 3.6 设供应链受到风险流 Z 的干预次数 $N(t)=n$，$Q_{R_n}^*$ 为零售商在干预次数 $N(t)=n$ 下的最优条件订购量，Q_R^* 为零售商的最优期望订购量，则有如下的关系式成立：

$$Q_{R_n}^*=F_{X_n}^{-1}\left(\frac{p-w(n)}{p-b(n)}\right) \tag{3.16}$$

$$Q_R^*=\sum_{n=0}^{+\infty}\frac{(t\lambda)^n\mathrm{e}^{-t\lambda}}{n!}Q_{R_n}^* \tag{3.17}$$

其中，$F_{X_n}(x)=\int_0^{\overline{\left(1-\sum_{i=1}^nP\{N(t)=i\}\right)A}^{x-B}}f_{X_0}(t)\mathrm{d}t$。

在供应链的实际运作与管理过程中，需求侧所带有的风险流对批发价和回购价等因素起着制约性的作用，是各方议价的理论支撑依据。由命题 3.6 的结论可知，零售商的订购策略与批发价和回购价有关。因此，风险流对需求侧所产生的干预作用，直接影响供应链零售商的订购策略。可见，将风险流的波动性纳入供应链的决策机制，有助于全方位体现外部超预期因素对决策行为的影响。

记分散式决策下供应链的最优整体条件期望利润和最优整体期望利润分别为 $E_{T_n}(Q_{R_n}^*)$ 和 $E_T(\boldsymbol{Q}_R^*)$，其中，$\boldsymbol{Q}_R^*=(Q_{R_1}^*,Q_{R_2}^*,\cdots,Q_{R_n}^*,\cdots)$。于是，在供应链受到风险流的干预次数 $N(t)=n$ 下，根据命题 3.4 至命题 3.6 的结论，可得分散式决策下供应链的最优整体条件期望利润和最优整体期望利润分别为

$$E_{T_n}(Q_{R_n}^*)=E(\pi_S(Q_{R_n}^*))+E(\pi_R(Q_{R_n}^*)) \tag{3.18}$$

$$E_T(\boldsymbol{Q}_R^*)=E(\pi_S(\boldsymbol{Q}_R^*))+E(\pi_R(\boldsymbol{Q}_R^*)) \tag{3.19}$$

分散式决策下供应链的最优整体条件期望利润 $E_{T_n}(Q_{R_n}^*)$ 指的是，需求侧在受到风险流 Z 的干预次数 $N(t)=n$ 的情形下，若供应链采取分散式决策，则其获得的整体期望利润为 $E_{T_n}(Q_{R_n}^*)$，这与分散式决策下供应链的最优整体期望利润 $E_T(Q_R^*)$ 具有本质上的区别。事实上，因为 $E_T(Q_R^*)$ 是干预次数 $N(t)$ 在自然数集 $\mathbf{N}$ 内取遍所有可能值后，经过加权平均所得到的。

3.2.4 风险流干预下供应链的协调契约机制

由批发价 $w(n)$ 和回购价 $b(n)$ 的定义可知，其两者的取值与风险流 Z 的干预次数 $N(t)=n$ 有着密切的关联性。下面在风险流 Z 的干预次数 $N(t)=n$ 的条件下，结合诸上命题的结论，讨论由单一供应商和单一零售商组成二级供应链协调契约机制的构建问题。

命题 3.7 在风险流干预作用下，二级供应链基于"干预强度 – 协调契约"（契约参数依赖于风险流 Z 的干预强度）机制可达到协调，并且对任意干预次数 n，其相应的契约参数满足以下条件：

$$w(n) = \frac{(c-v)p + (p-c)b(n)}{(p-v)} \tag{3.20}$$

进而可得由批发价格和回购价格所构成的供应链的协调契约机制为

$$\overline{\Xi} = \{\overline{w}, \overline{b}\} \tag{3.21}$$

其中，$\overline{w} = \sum_{n=0}^{+\infty} \frac{(t\lambda)^n e^{-t\lambda}}{n!} w(n)$，$\overline{b} = \sum_{n=0}^{+\infty} \frac{(t\lambda)^n e^{-t\lambda}}{n!} b(n)$。

证明： 根据供应链的协调契约准则可知，分散式决策情形下供应链的最优期望订购量等于集中式决策情形下供应链的最优期望订购量，即 $Q_n^* = Q_{R_n}^*$。因此，在风险流 Z 的干预次数 $N(t)=n$ 的情况下，可得

$$F_{X_n}^{-1}\left(\frac{p-c}{p-v}\right) = F_{X_n}^{-1}\left(\frac{p-w(n)}{p-b(n)}\right)$$

于是，根据分布函数是单调的属性，有

$$\frac{p-c}{p-v} = \frac{p-w(n)}{p-b(n)}$$

由上述等式关系，可得出批发价的表达式，即式(3.20)。

事实上，因为 $v < b(n) < p$，所以只要契约参数 $b(n)$ 的取值使批发价满足式(3.20)，以及如下关系式：

$$w(n) \in (v,p) \cap (b(n),p)$$

那么供应链在风险流 Z 的干预次数 $N(t)=n$ 的情形下，就可以到达协调的目的。

因为回购价取值于 $b(n)$ 的概率为 $P\{N(t)=n\}=\dfrac{(t\lambda)^n}{n!}\mathrm{e}^{-t\lambda}$，所以相应的期望批发价格和回购价格分别为 $\bar{w}=P\{N(t)=n\}w(n)=w(n)\dfrac{(t\lambda)^n}{n!}\mathrm{e}^{-t\lambda}$ 和 $\bar{b}=P\{N(t)=n\}b(n)=b(n)\dfrac{(t\lambda)^n}{n!}\mathrm{e}^{-t\lambda}$。因此，批发价格和回购价格所构成的供应链的协调契约机制为 $\Xi=\{\bar{w},\bar{b}\}$。 □

在需求侧受到风险流的干预作用的情况下，命题 3.7 给出了二级供应链协调契约参数所需要满足的基本条件，其中，批发价格与生产成本、残值、回购价、销售价等参数之间形成非线性的关联性，进而导致协调契约机制呈现复杂化的谈判议价机理。因此，在风险流的干预作用下，决策者应充分利用风险流的统计规律性，并深度揭示谈判议价机理的演变趋势，建立高效的商务运作与管理模式以协调各方利益，进而实现供应链利益体的均衡性。

3.3 数值算例分析

为了简化模型的数值模拟与分析，这里不妨假设需求侧在未受到风险流的干预作用下需求变量 X_0 的概率密度函数为

$$f_{X_n}(x)=\begin{cases}\dfrac{1}{400},x\in[0,400]\\ 0,\text{其他}\end{cases} \quad (3.22)$$

又由式(3.4)，知

$$f_{X_n}(x)=\dfrac{1}{\left(1-\sum_{i=1}^{n}P\{N(t)=i\}\right)A}f_{X_0}\left(\dfrac{x-B}{\left(1-\sum_{i=1}^{n}P\{N(t)=i\}\right)A}\right)$$

故在风险流 Z 的干预次数 $N(t)=n$ 的情况下随机变量 X_n 的概率密度为

$$f_{X_n}(x)=\begin{cases}\dfrac{1}{400\left(1-\sum_{i=1}^{n}P\{N(t)=i\}\right)A},x\in[h_1,h_2]\\ 0,\text{其他}\end{cases} \quad (3.23)$$

其中，$h_1 = B, h_2 = 400\left(1 - \sum_{i=1}^{n} P\{N(t) = i\}\right)A + B$。由随机变量 X_n 的概率密度函数可知，当风险流 Z 的干预次数 $N(t) = n$ 时，该供应链中的期望需求为

$$E(X_n) = 200\left(1 - \sum_{i=1}^{n} P\{N(t) = i\}\right)A + B$$

由此，表明了当风险流 Z 的干预次数增加时，市场的期望需求就会呈现出下降的趋势。因此，新模型中的概率密度函数在理论设计上符合客观实际的要求。

3.4 风险流干预作用下模型的最优解

为了进一步验证新模型的可行性和有效性，以下在风险流 Z 的干预次数 $N(t) = 1$ 的情况下，给出模型的数值模拟与分析，以揭示供应链的决策机制在不同协调契约参数下的演变规律。根据表 3.1 中的模型参数，并结合式 (3.6) 至式 (3.23)，可得出集中式决策和分散式决策下的最优条件订购量和最优条件期望利润。具体的数值模拟结果，详见表 3.1。

表 3.1 既定风险流干预次数下模型的最优解

模型参数		产品新销售周期的时长 $t=1$，风险流 Z 的干预次数 $N(t)=1$，单位产品的销售价格 $p=300$，单位产品的生产成本 $c=150$，单位产品的残值 $v=30$，风险流的敏感系数 $A=2$，市场需求的基数 $B=100$，干预强度参数 $\lambda=0.27$						
协调机制 $\Xi(1)$	$b(1)$	60	65	70	75	80	85	90
	$w(1)$	166.7	169.4	172.2	175.0	177.8	180.6	183.3
集中式	Q_1^*	452.8	452.8	452.8	452.8	452.8	452.8	452.8
	$E(\pi(Q_1^*))$	43589	43589	43589	43589	43589	43589	43589
分散式	$Q_{R_1}^*$	452.8	452.8	452.8	452.8	452.8	452.8	452.8
	$E(\pi_R(Q_{R_1}^*))$	38745	37938	37131	36324	35517	34710	33902
	$E(\pi_S(Q_{R_1}^*))$	4844	5651	6458	7265	8072	8879	9687
	$E_{T_1}(Q_{R_1}^*)$	43589	43589	43589	43589	43589	43589	43589

在本章的模型理论设计过程中，为了协调各方的利益，将回购价作为契约参数，进而导出零售商的进货价。由表3.1中的数值模拟结果可知，当风险流 Z 的干预次数 $N(t)=1$ 时，契约参数 $b(1)$ 对供应链的决策机制的结构具有重要的影响，具体如下：

（1）协调机制 $\Xi(1)$ 中的批发价 $w(1)$ 关于契约参数 $b(1)$ 为单调递增的函数，这意味着回购价格越高，零售商从供应商获得到的批发价就越高。由此可见，虽然提高供应链中的回购价格可以缓冲因需求不足而带来的积货损失风险，但是也增大了供应商的回购成本上升压力。因此，为了实现各方利益的均衡性，进而达到协调的目的，供应商应采取提高批发价策略。

（2）当风险流 Z 的干预次数 $N(t)=1$ 时，分散式决策下供应商的期望利润 $E(\pi_S(Q_{R_1}^*))$ 关于契约参数 $b(1)$ 和 $w(1)$ 为单调递增的函数，而零售商的期望利润 $E(\pi_R(Q_{R_1}^*))$ 与契约参数 $b(1)$ 和 $w(1)$ 之间则形成反向的关联性。可见，提高协调机制 $\Xi(1)$ 中的契约参数 $b(1)$，有利于提升供应商的期望利润。同时，可知在风险流 Z 的干预次数 $N(t)=1$ 的条件下，当契约参数 $b(1) \in [60,90]$ 时，零售商的期望利润占比 $E(\pi_R(Q_{R_1}^*))/E_{T_1}(Q_{R_1}^*) \geq 77.8\%$。因此，在秉持"双赢"的商务谈判准则之基础上，零售商尚存27.8个百分点可让利的空间。

（3）集中式决策下的最优订购策略和整体期望利润，分别与分散式决策下的最优订购量和整体期望利润形成恒等的相互关系，即 $Q_1^* \equiv Q_{R_1}^*$ 及 $E(\pi(Q_1^*)) \equiv E_{T_1}(Q_{R_1}^*)$，与协调机制 $\Xi(1)$ 中的契约参数变化无关。由此，从中表明当风险流 Z 的干预次数 $N(t)=1$ 时，只要协调机制 $\Xi(1)$ 中的契约参数 $b(1)$ 和 $w(1)$ 满足式(3.20)，就可以实现供应链的协调性。同时，也进一步佐证了由新模型所导出来的协调机制具有可行性和有效性。

3.5 风险流的干预次数 $N(t)$ 与决策机制之间的关联性

由模型的假设可知，当风险流 Z 的干预次数 $N(t)$ 的取值增大时，需求侧受到的干预作用就越凸显上升趋势，进而导致市场需求呈现收缩的迹象，由此加剧了"供大于需"的风险性。在此情况下，供需双方应基于风险流 Z 的干预次数 $N(t)$ 的变化趋势协商回购价格问题，以调和供应链中的利益体。显然，当面临"供大于需"的潜在风险性加剧时，零售商对提高回购价格的诉求将会更加强烈。因此，为了使理论模型的数值模拟与仿真更契合于供应链运作与管理的客观实际,这里不妨假设风险流 Z 的干预次数 $N(t)=n$ 与契约参数 $b(n)$ 形成正向的关联性,且满足如下的关系式:

$$b(n) = e\sqrt{\ln n} + b(0) \tag{3.24}$$

其中,e 表示干预次数 $N(t)=n$ 对契约参数 $b(n)$ 产生影响的效用系数,$b(0)$ 为干预次数 $N(t)=0$ 时的回购价格基数,即需求侧未受到风险流干预的情况下,供需双方所约定的单位产品回购价格。于是,根据表 3.2 中的模型参数,并结合式(3.6)至式(3.24),可得风险流的干预次数 $N(t)$ 与供应链决策机制之间的关联性。具体的数值模拟结果,详见表 3.2。

表 3.2 风险流干预次数对决策机制的影响

模型参数		产品新销售周期的时长 $t=1$,单位产品的销售价格 $p=300$,单位产品的生产成本 $c=150$,单位产品的残值 $v=30$,敏感系数 $A=2$,市场需求的基数 $B=100$,干预强度 $\lambda=5$,效用系数 $e=30$,回购价格基数 $b(0)=60$					
干预次数	n	1	2	3	4	5	6
协调机制 $\Xi(n)$	$b(n)$	60.0	85.0	91.4	95.3	98.1	100.2
	$w(n)$	166.7	180.5	184.1	186.3	187.8	189.0
集中式	Q_n^*	529.5	492.0	429.6	351.7	273.7	208.7
	$E(\pi(Q_n^*))$	48957	46316	41999	36855	32344	30052
分散式	$Q_{R_n}^*$	529.5	492.0	429.6	351.7	273.7	208.7
	$E(\pi_R(Q_{R_n}^*))$	43517	36885	32441	27938	24191	22243
	$E(\pi_S(Q_{R_n}^*))$	5440	9431	9558	8917	8153	7809
	$E_{T_n}(Q_{R_n}^*)$	48957	46316	41999	36855	32344	30052
供应商的利润占比	$\dfrac{E(\pi_S(Q_{R_n}^*))}{E_{T_n}(Q_{R_n}^*)}$	0.111	0.204	0.228	0.242	0.252	0.260

由表 3.2 的数值模拟结果可知,风险流 Z 的干预次数 $N(t)$ 对协调契约机制 $\Xi(n)$、集中式决策和分散式决策下的订购决策和期望利润、供应商的利润占比等决策机制中的核心要素产生重要的干预作用。在风险流 Z 的干预次数 $N(t)$ 诱发协调机制 $\Xi(n)$ 中的契约参数上升的过程中,从数据的实

验结果易发现，供应链的整体期望利润和最优订购量凸显下滑的趋势，而供应商的利润占比却呈现上升的势头，但与均衡利润占比空间（供需双方各占50%的利润空间）的差距还比较大。因此，在既定的模型参数下，有必要充分发挥效用系数 e 和回购价格基数作为协调机制 $\Xi(n)$ 中的杠杆效应，促进供应链利益体达成均衡的利润空间。

3.6 本章小结

本章在需求侧受到风险流的干预作用下，研究了二级供应链的协调契约问题。为了将风险流的传导机理纳入模型的理论框架，采用泊松分布刻画了风险流的统计规律性，进而基于报童模型的理论基础，分别建立了集中式决策和分散式决策下供应链的决策模型，并导出"风险流干预作用-协调契约"机制。由模型的相关理论成果和数值模拟分析，可进一步得出如下主要结论和管理启示：

（1）在既定风险流 Z 的干预次数 $N(t)$ 下，只要协调机制 $\Xi(n)$ 中的契约参数 $b(n)$ 和 $w(n)$ 满足式(3.20)，就能实现供应链的协调性。因此，由新模型导出来的协调契约机制，为供应链在运作与管理过程中提供了商业谈判的基本准则，助力各方在利益上实现互利共赢、公平和公正的协调目标，构建良好的沟通机制，寻求共同方利益。

（2）在满足 $w(n) \in (v,p) \cap (b(n),p)$ 的情况下，提高契约参数 $b(n)$ 的取值，有助于拓展供应商的利润空间，但同时也带来挤压零售商利润空间的负面效应。因此，在设定契约参数 $b(n)$ 的过程中，应遵循均衡利润空间的准则，采取有效的控制策略，防范、化解零售商利润空间受挤压的风险。

（3）风险流 Z 的干预次数 $N(t)$ 对决策机制具有负向的干预作用，这意味着当风险流对需求侧的干预次数增大时，供应链的整体利润就会产生下滑的趋势。在此背景下，供需双方的利润空间将受到进一步收缩，系统所载荷的风险性随之加大。因此，决策者应以效用系数 e 和回购价格基数 $b(0)$ 作为杠杆策略，充分发挥其在协调机制 $\Xi(n)$ 中的协调作用，拓展供应链的均衡利润空间，由此共同应对因超预期因素的干预作用所带来的风险与挑战。

第4章 供需受风险流干预下带有缺货成本的报童模型

4.1 引　　言

在自然灾害、俄乌战争爆发，以及由美国发起贸易战和科技战等的大背景下，华为创始人任正非先生于2022年8月22日在内部论坛发表了一篇名为《整个公司的经营方针要从追求规模转向追求利润和现金流》的文章，并指出：未来十年全球经济将持续衰退，消费能力会有大幅度下降，对华为产生的压力不仅是供应能力的，还有市场的（倪雨晴等，2022）。由此可见，由不确定性事件形成的风险流，对供需两侧具有重要的干预作用。加上百年大变局与上述不确定性事件相互交织，进而使需求收缩、供给干预与预期转弱等多种风险因素交互重叠。由此，所形成的风险流对供需两侧产生极大的干预作用，给全球供应链的稳定性和可靠性带来严重的影响，进一步导致供应链的超预期因素剧增。因此，有必要将风险流传导于供需两侧中的作用机理作为核心要素，研究供应链运作与管理的控制与优化问题，以应对在此背景下给供应链的运作与管理上带来的新一类理论困境和实际挑战。

由于本章拟在供需两侧受到风险流干预的环境下考虑供应链的风险决策问题，因此下文主要基于随机供需两侧和缺货成本的文献视角，对国内外研究现状和发展动态进行梳理和评述。

（1）供给侧带有随机性的报童模型。学术界针对供给侧带有随机性的决策优化问题，主要基于随机供应能力视角展开相关领域的决策研究。在不确定供应能力的环境下，Meyer等（1979）的研究成果体现了相关研究领域的先驱性，率先将供给侧中的随机性纳入理论模型的框架，由此在库存决策领域取得突破性的研究进展。在供应链决策理论和方法的发展过程中，报童模型对理论体系的发展具有基础性的促进作用。因此，诸多国内外学者在随机供应能力的环境下，以报童模型为理论基础，进而结合不同的决策理念导出了新的决策模型。Güllu 等（1997）是"随机供应能力"下研究报童问题的先驱学者，该研究工作体现了"0 至 1"的创新理念。Jadidi 等（2021）、Mohammadivojdan 等（2022）和 Papachristos 等（2022）在"随机供应能力"决策理念的导向下，分别结合采购组合、价格策略、备选采购等因素提出了带有随机供应能力的报童模型。Ray 和 Jenamani（2016）在供应随机中断的情形下，以报童模型为理论基础，并建立了多源采购的决策优化模型。Ji 和 Kamrad（2019）假设需求变量与随机供应能力满足维纳过程的情况下，建立了带有期权交易的决策模型。Li 和 Ce（2022）研究了带有随机产出的多位置报童问题，该研究成果表明，在随机供应能力下，集权与分权决策高度依赖于需求的随机性。上述的研究成果，充分体现了该领域研究方向的前沿性和前瞻性。

（2）需求侧带有不确定性因素的决策模型。针对供应链的决策优化与控制问题，以随机需求为导向的研究工作，主要体现在四个方面。一是需求带有价格敏感性。在实际问题中，价格对需求的干预具有负向的作用机理。为此，Wang 等（2021）、Singer 和 Khmelnitsky 等（2021）在需求依赖于价格参数的情形下，考虑了供应链的优化与控制问题。二是带有协调机制。Sarada 和 Sangeetha（2021）在需求依赖于价格参数的条件下，研究了供应链的协调契约问题。李永飞等（2022）在随机需求和收益共享契约约束下，提出了供应链的协调决策机制。三是带有契约合同的决策问题。需求侧的不确定性是供应链的重要风险源之一，对决策机制有扰动性的作用。为此，学术界引入契约合同机制，以分担供应链的下行风险。肖迪（2021）等研究了平台数据赋能的电商供应链成本分担策略选择问题，Kouvelis 和 Qiu（2022）考虑了带有银行贷款和贸易信贷合同的供应链决策问题。四是带有其他要素的决策问题。在随机需求的背景下，将其他要素纳入决策模型的有：秦娟娟和李婧（2021）引入碳交易机制，研究了供应链的最优决策问题；Braglia 等（2019）基于易变质的研究视角，建立了带有 (Q,r) 策略的周期盘点决策模型；Mawandiya 等（2020）引入了退货策略提出了闭环供应链的决策模型。根据上述研究成果可知，在需求侧存在随机性因素的情况下，供应链的决策模型主要以报童模型为理论基础，进而深度融入了不同的决策理念，以开辟研究供应链决策问题的新路径，由此实现理论模型在不同决策环境下的应用目标。

在随机优化决策环境下，因为缺货成本具有隐性的本质特征，所以在建

第4章 供需受风险流干预下带有缺货成本的报童模型

模过程中往往未将其纳入相应的模型框架之中。因此，忽略缺货成本导出来的决策模型具有一定的局限性。为此，Fabian等（1959）率先将缺货成本纳入供应链的理论体系之中，提出了库存动态规划决策模型，由此进一步完善了库存系统理论与方法。在带有缺货成本的决策模型中，根据理论基础的属性，大致可以分为两大类。一类是带有缺货成本的EOQ模型。Chakrabarti和Chaudhuri（1997）在考虑具有缺货成本的条件下，构建了易变质产品的EOQ模型。Taleizadeh等（2020）、Alfares和Afzal（2021）在不完备质量情形下，构建了带有缺货成本的EOQ模型。叶银芳等（2019）在需求变量依赖于时间因素的情况下，研究了EOQ模型在缺货成本环境下的决策问题。另一类为带有缺货成本的报童模型。褚宏睿等（2015）将回购和缺货惩罚因素纳入报童模型的理论框架，提出了新的决策模型。曹志强等（2019）引入惩罚因子，建立了带有缺货成本的报童模型。Xu等（2018）在决策者持有风险厌恶的情况下，提出了带有缺货成本的报童模型。Kyparisis和Koulamas（2018）基于回购收益和价格策略的研究视角，构建了缺货环境下的报童模型。

总而言之，根据上述研究成果，可厘清相关理论发展的基本脉络：在决策模型的理论方面，主要以报童模型、博弈论、EOQ模型和随机过程等作为理论基础；在决策理念方面，在供需两侧不确定的情况下，主要将价格策略、资金约束、信用、延期供货、回购、返修、绿色、风险厌恶、产能约束、契约合同、协调等要素纳入理论框架，由此拓展数学模型在不同决策环境下实际应用的适应性。然而，在供需两侧带有风险流的情况下，相关基础性的理论问题有待于进一步研讨，比如：如何刻画风险流的统计规律性，以识别其在决策过程中的传导机理？在供需两侧受到风险流冲击的情形下，如何将其冲击强度纳入决策模型的理论框架，进而导出相应的决策机制？如何利用供需两侧中的风险数据信息，揭示决策机制和期望报酬准则的演变机理？在供需两侧带有风险流的随机化决策背景下，本章主要以上述问题为导向，首先利用泊松过程刻画供需两侧中风险流的统计规律性，进而结合经典的风险厌恶报童模型，导出带有随机供需两侧的新决策模型。因此，相较于上述随机供需两侧下的研究成果，本章的研究贡献主要体现在以下两方面：

（1）决策理论与方法。①利用泊松过程刻画了供需两侧中风险流的统计结构，并在理论上引入了弹性系数以揭示需求变量的演变趋势，由此解决了风险流在决策机制中的扩散路径和方式的识别问题。②根据风险流在决策机制中的传导机理，联合报童模型构建了随机供需两侧下带有缺货成本的决策模型,并导出相应的决策准则和期望利润函数。同时,利用微分方法研究了决策机制和期望利润函数的单调属性,以揭示两者依风险流冲击强度所发生的演变机理。③在模型的计算过程中引入了近似正则数,简化了无穷模型的计算过程。同时,在理论证明及推导过程中,采用微分方法解决了隐函数的单调性判定问题。在运筹与管理的研究领域中,为了揭示决策变量与目标函数之间的关联机理,往往通过函数的单调属性加以论证。因此,文中涉及的数学理论和方法,对于运作领域中同类问题的研究具有一定的借鉴意义。

(2)在数值模拟的实践过程中得到以下重要的管理启示或结论:①根据决策机制的理论框架导出了市场需求的荣枯点,当需求的累积增长超过荣枯点时,需求侧中风险流的干预次数越大,随机系统上行的预期效应就越好;当需求低于荣枯点时,随着需求侧中风险流的干预次数越大,随机系统面临下行的预期效应越大。②供给侧中风险流所携带的强度参数,对决策机制中的最优订购决策和期望利润具有负向的作用机理。③将时间维度嵌入决策机制的结构之中,有助于决策者通过既定的时域深入了解供需两侧中的风险流传导到订购决策和期望利润函数的干预作用。

4.2 模型的构建

4.2.1 模型描述、符号说明和模型假设

在供应链运作与管理的实际问题中,各风险流所产生的作用机理的基本属性有所不同,因此对供应链所施加的干预作用亦有不同之处。例如,风险流 Z_1 仅对需求侧产生干预作用,而风险流 Z_2 仅对供给侧产生干预。因此,这里不妨假设系统中的风险流 Z_1 和 Z_2 仅分别对需求变量 X 和供应能力 Y 施加干预作用。本章所研究的报童问题的实际背景如图4.1所示。

第4章 供需受风险流干预下带有缺货成本的报童模型

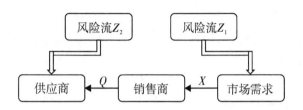

图 4.1　不确定供需两侧下报童问题的结构关系

显然，由风险流 Z_1 和 Z_2 的干预所诱发的供需两侧的不确定性，对报童问题的解决路径和方法具有重要的影响。因此，有必要将风险流 Z_1 和 Z_2 的统计规律性纳入决策模型的理论框架，进而导出相应的决策机制，以拓展报童模型在实际应用领域中的普适性。

为了在此背景下提出新的决策模型，这里首先给出模型的假设、技术注释和符号说明。

(1) 假设风险流 Z_1 和 Z_2 为服从泊松过程，并且为相互独立的随机过程，其中对供需两侧的干预强度分别为 λ_1 和 λ_2，即在 $(0, t)$ 区间内，风险流 Z_i 发生 k 次干预的概率为

$$P(Z_i = k) = \frac{(\lambda_i t)^k}{k!} \tag{4.1}$$

其中，$k = 0, 1, 2, \cdots, i = 1, 2$。泊松过程是描述随机事件在单位度量内发生的概率的理论工具，因此利用该理论刻画供应链在某个时间段所受到风险流干预的可能性，在数学建模思想上具有内在逻辑的可行性和科学性。

(2) 记 T_1 为产品新销售周期的长度，$N(T_1)$ 为市场需求 X 在 $(0, T_1]$ 内受到风险流 Z_1 冲击的次数，X_n 为当市场遭受 n 次干预时的需求。一般情况下，当市场受到风险流干预的次数越多时，市场需求扩缩的迹象就越显著。因此，在不失理论一般性的情况下，为了充分体现市场需求在受到风险流冲击后扩缩迹象的内在机理，不妨假设

$$X_n = a_n X_{n-1} (1 \leq n \leq N(T_1), 0 < a_n) \tag{4.2}$$

其中，a_n 为市场规模扩缩的弹性系数。显然，当 $0 < a_n < 1$ 时，表示需求收缩；当 $1 \leq a_n$ 时，表示市场规模出现保持不变或扩大的现象。为了便于下文的论述，这里记需求变量 X_n 的概率密度和分布函数分别为 $f_{X_n}(x)$ 和 $F_{X_n}(x)$。

(3) 设 T_2 为供应能力 Y 首次受到风险流 Z_2 冲击的时间，并且假设供应能力 Y 首次受到干预时就产生中断现象。本假设具有一定的实际意义，

如由日本"3·11"大地震、俄乌冲突等突发事件诱发汽车零部件、能源、粮食等诸多方面的供应中断风险。若记 P 为供应商的单位产能，则结合(3)中的假设条件可得知，供应商在受到风险流干预后的供应能力为

$$Y = PT_2 \qquad (4.3)$$

根据风险流 Z_2 的内涵可知，T_2 是个随机变量。因此，供应能力 Y 为关于 T_2 的随机变量函数，这里记其概率密度和分布函数分别为 $g_Y(y)$ 及 $G_Y(y)$。

中断风险的扩散路径和识别过程是个复杂非线性的随机系统，如何刻画其内在的传导机理，关乎能否有效解决供应链的安全问题。式(4.3)主要利用泊松分布刻画了风险流在供给侧中的传导机理，在理论上将时间维度嵌入供应能力的代数结构，充分体现了两者之间的融合性，由此进一步完善了促进供应链决策的理论和方法。因此，基于泊松分布来刻画风险流在供给侧的传导机理，在模型理论的构建上具有一定的优越性。

(4) 记 Q,V,C,R 和 S 分别表示供应商的订购量、单位残值、单位成本、销售价格和单位缺货成本，其中 $V<C<R$。

4.2.2 风险流干预下带有缺货成本的报童模型

记当干预次数 $N(T_1)=n$ 时，条件订购量、市场需求和供应能力分别为 Q_n，X_n 和 Y，则在 $N(T_1)=n$ 的条件下销售商带有缺货成本的利润函数为

$$\pi(Q_n \mid N(T_1) = n) = (R-C)\min\{Q_n,Y\} - (R-V)(\min\{Q_n,Y\} - X_n)^+ - S(X_n - \min\{Q_n,Y\})^+ \qquad (4.4)$$

其中，市场需求 $X_n = a_n X_{n-1}$，供应能力 $Y=PT_2$，$\min\{Q_n,Y\}$ 表示在 Q_n 与 Y 两个数中取最小之数，$(\min\{Q_n,Y\} - X_n)^+$ 表示函数 $\min\{Q_n,Y\} - X_n$ 的正部，即当 $\min\{Q_n,Y\} - X_n > 0$ 时，有

$$(\min\{Q_n,Y\} - X_n)^+ = \min\{Q_n,Y\} - X_n$$

当 $\min\{Q_n,Y\} - X_n \leq 0$ 时，有

$$(\min\{Q_n,Y\} - X_n)^+ = 0$$

根据过往参考文献可知，相关的研究成果充分体现了供应能力的随机性对决策机制的干预作用，然而在决策过程中未能将风险流的干预作用、时间维度纳入决策机制的理论框架之中。为了克服这个局限性，式(4.4)主要以泊松过程为理论导向，将风险流 Z_1 和 Z_2 的干预作用及其时间维度统一融合

到决策模型的理论框架，进而给出销售商带有缺货成本的利润函数。

4.2.3 决策机制的最优策略

为导出决策机制的最优策略，以下根据式(4.4)，给出销售商在干预次数 $N(T_1) = n$ 条件下带有缺货成本的期望利润。

命题 4.1 设 X_n 为当市场受到风险流 n 次干预时的需求，Y 为供应商的供应能力，销售商在干预次数 $N(T_1) = n$ 条件下带有缺货成本的期望利润为

$$
\begin{aligned}
E[\pi(Q_n \mid N(T_1) = n)] = & (R-C)\int_0^{Q_n} y \, dG_Y(y) + [1 - G_Y(Q_n)] \cdot \\
& \left[(R-C)Q_n - (R-V)\int_0^{Q_n}(Q_n - x)dF_{X_n}(x) \right] - \\
& (R-V)\int_0^{Q_n}\int_0^{y}(y-x)dF_{X_n}(x)dG_Y(y) - \\
& S\left[\int_0^{Q_n}\int_y^{+\infty}(x-y)dF_{X_n}(x)dG_Y(y) + \right. \\
& \left. \int_{Q_n}^{+\infty}\int_{Q_n}^{+\infty}(x-Q_n)dF_{X_n}(x)dG_Y(y) \right] \quad (4.5)
\end{aligned}
$$

证明：由式(4.4)可知，在 $N(T_1) = n$ 的条件下销售商的利润函数为 $\pi(Q_n \mid N(T_1) = n) = (R-C)\min\{Q_n, Y\} - (R-V)(\min\{Q_n, Y\} - X_n)^+ - S(X_n - \min\{Q_n, Y\})^+$。

因此，

$$
\begin{aligned}
E(\pi(Q_n \mid N(T_1) = n)) = & \int_0^{+\infty} dF_{X_n}(x) \int_0^{Q_n} \left[(R-C)\min\{Q_n, Y\} - \right. \\
& \left. (R-V)(\min\{Q_n, Y\} - X_n)^+ \right] dG_Y(y) + \\
& \int_0^{+\infty} dF_{X_n}(x) \int_{Q_n}^{+\infty} \left[(R-C)\min\{Q_n, Y\} - \right. \\
& \left. (R-V)(\min\{Q_n, Y\} - X_n)^+ \right] dG_Y(y) - \\
& S\left[\int_0^{Q_n}\int_y^{+\infty}(x-y)dF_{X_n}(x)dG_Y(y) + \right. \\
& \left. \int_{Q_n}^{+\infty}\int_{Q_n}^{+\infty}(x-Q_n)dF_{X_n}(x)dG_Y(y) \right] \\
= & \int_0^{+\infty} dF_{X_n}(x) \int_0^{Q_n} \left[(R-C)y - (R-V)(y-x)^+ \right] \cdot
\end{aligned}
$$

$$dG_Y(y) + \int_0^{+\infty} dF_{X_n}(x) \int_{Q_n}^{+\infty} [(R-C)Q_n -$$

$$(R-V)(Q_n - x)^+] dG_Y(y) -$$

$$S\Big[\int_0^{Q_n}\int_y^{+\infty}(x-y)dF_{X_n}(x)dG_Y(y) +$$

$$\int_{Q_n}^{+\infty}\int_{Q_n}^{+\infty}(x-Q_n)dF_{X_n}(x)dG_Y(y)\Big]$$

$$= \int_0^{+\infty} dF_{X_n}(x)\int_0^{Q_n}(R-C)ydG_Y(y) -$$

$$\int_0^{+\infty} dF_{X_n}(x)\int_0^{Q_n}(R-V)(y-x)^+ dG_Y(y) +$$

$$[1 - G_Y(Q_n)]\int_0^{+\infty}(R-C)Q_n - (R-V) \cdot$$

$$(Q_n - x)^+ dF_{X_n}(x) - S\Big[\int_0^{Q_n}\int_y^{+\infty}(x-y)dF_{X_n}(x) \cdot$$

$$dG_Y(y) + \int_{Q_n}^{+\infty}\int_{Q_n}^{+\infty}(x-Q_n)dF_{X_n}(x)dG_Y(y)\Big]$$

$$= \int_0^{Q_n}(R-C)ydG_Y(y) - \int_0^{+\infty}dF_{X_n}(x) \cdot$$

$$\int_0^{Q_n}(R-V)(y-x)^+ dG_Y(y) + [1 - G_Y(Q_n)] \cdot$$

$$\int_0^{+\infty}[(R-C)Q_n - (R-V)(Q_n - x)^+]dF_{X_n}(x) -$$

$$S\Big[\int_0^{Q_n}\int_y^{+\infty}(x-y)dF_{X_n}(x)dG_Y(y) +$$

$$\int_{Q_n}^{+\infty}\int_{Q_n}^{+\infty}(x-Q_n)dF_{X_n}(x)dG_Y(y)\Big]$$

由上述推导过程，可得式(4.5)。 □

记向量 $\boldsymbol{Q} = (Q_1, Q_2, \cdots, Q_n, \cdots)$。因为 $N(T_1) \sim P(T_1, \lambda_1)$，所以 $P\{N(T_1) = n\} = e^{-T_1\lambda_1}(T_1\lambda_1)^n/n!$。于是，根据式(4.5)并结合条件数学期望理论，可得在新销售周期 $(0, T_1]$ 内带有缺货成本的期望利润，即

$$E(\pi(\boldsymbol{Q})) = \sum_{n=0}^{+\infty} E(\pi(Q_n \mid N(T_1) = n))P\{N(T_1) = n\}$$

$$= e^{-T_1\lambda_1}\sum_{n=0}^{+\infty} E(\pi(Q_n \mid N(T_1) = n))(T_1\lambda_1)^n/n! \qquad (4.6)$$

由式(4.6)可知，在供需两侧受到风险流 Z_1 和 Z_2 干预作用的情况下，

干预强度参数 λ_1 和 λ_2 对销售商的期望利润具有重要的扰动性作用。式(4.6)主要采用泊松过程将干预强度参数 λ_1 和 λ_2 映射到销售商的期望利润函数的代数结构之中,由此揭示了风险流在供需两侧中的传导机理对期望利润所产生的干预作用。下面联合式(4.5)和式(4.6),导出销售商在供需两侧受到风险流干预下的最优订购策略。

命题 4.2 设 X_n 为当市场受到风险流 n 次干预时的需求,Y 为供应商的供应能力,Q_n^* 为当风险流 Z_1 的干预次数 $N(T_1)=n$ 时的最优订购量,Q^* 为销售商的最优期望订购量,则在风险流 Z_1 和 Z_2 干预下 Q_n^* 和 Q^* 分别满足以下代数关系式:

$$F_{X_n}(Q_n^*) = \frac{R-C-S}{R-V-S} \tag{4.7}$$

$$Q^* = e^{-T_1\lambda_1} \sum_{n=0}^{+\infty} Q_n^*(T_1\lambda_1)^n / n! \tag{4.8}$$

其中,$F_{X_n}(Q_n^*) = F_{X_n}(Q_n^*/a_1a_2\cdots a_n)$,$y \geq 0$。

证明: 由式(4.5)可知:

$$\begin{aligned}
E(\pi(Q_n|N(T_1)=n)) &= (R-C)\int_0^{Q_n} y\mathrm{d}G_Y(y) + [1-G_Y(Q_n)] \cdot \\
&\quad \left[(R-C)Q_n - (R-V)\int_0^{Q_n}(Q_n-x)\mathrm{d}F_{X_n}(x)\right] - \\
&\quad (R-V)\int_0^{Q_n}\int_0^y (y-x)\mathrm{d}F_{X_n}(x)\mathrm{d}G_Y(y) - \\
&\quad S\left[\int_0^{Q_n}\int_y^{+\infty}(x-y)\mathrm{d}F_{X_n}(x)\mathrm{d}G_Y(y) + \right.\\
&\quad \left.\int_{Q_n}^{+\infty}\int_{Q_n}^{+\infty}(x-Q_n)\mathrm{d}F_{X_n}(x)\mathrm{d}G_Y(y)\right]
\end{aligned}$$

因此,对 $E(\pi(Q_n|N(T_1)=n))$ 求关于 Q_n 的导数,得

$$\begin{aligned}
\frac{\partial E(\pi(Q_n|N(T_1)=n))}{\partial Q_n} &= (R-C)Q_ng_Y(Q_n) - g_Y(Q_n)\bigg[(R-C)Q_n - \\
&\quad (R-V)\int_0^{Q_n}(Q_n-x)\mathrm{d}F_{X_n}(x)\bigg] + \\
&\quad [1-G_Y(Q_n)][(R-C)-(R-V)F_{X_n}(Q_n)] - \\
&\quad (R-V)\int_0^{Q_n}(Q_n-x)g_Y(Q_n)\mathrm{d}F_{X_n}(x) - \\
&\quad S\bigg\{\int_{Q_n}^{+\infty}(x-Q_n)g_Y(Q_n)\mathrm{d}F_{X_n}(x) -
\end{aligned}$$

$$g_Y(Q_n)\int_{Q_n}^{+\infty} x\mathrm{d}F_{X_n}(x) - [1 - G_Y(Q_n)]Q_n f_{X_n}(Q_n) -$$
$$[1 - G_Y(Q_n) - Q_n g_Y(Q_n)][1 - F_{X_n}(Q_n)] +$$
$$[Q_n - Q_n G_Y(Q_n)] f_{X_n}(Q_n)\}$$
$$= (R - C)Q_n g_Y(Q_n) - g_Y(Q_n)\Big[(R - C)Q_n -$$
$$(R - V)Q_n F_{X_n}(Q_n) + (R - V)\int_0^{Q_n} x\mathrm{d}F_{X_n}(x)\Big] +$$
$$[1 - G_Y(Q_n)][(R - C) - (R - V)F_{X_n}(Q_n)] -$$
$$(R - V)Q_n g_Y(Q_n) F_{X_n}(Q_n) + (R - V)g_Y(Q_n) \cdot$$
$$\int_0^{Q_n} x\mathrm{d}F_{X_n}(x) - S\Big\{\int_{Q_n}^{+\infty} x g_Y(Q_n)\mathrm{d}F_{X_n}(x) -$$
$$Q_n g_Y(Q_n)[1 - F_{X_n}(Q_n)] - g_Y(Q_n)\int_{Q_n}^{+\infty} x\mathrm{d}F_{X_n}(x) -$$
$$[1 - G_Y(Q_n)]Q_n f_{X_n}(Q_n) -$$
$$[1 - G_Y(Q_n) - Q_n g_Y(Q_n)][1 - F_{X_n}(Q_n)] +$$
$$[Q_n - Q_n G_Y(Q_n)] f_{X_n}(Q_n)\}$$
$$= [1 - G_Y(Q_n)][(R - C) - (R - V)F_{X_n}(Q_n)] -$$
$$S[1 - G_Y(Q_n)][1 - F_{X_n}(Q_n)]$$

令 $\dfrac{\partial E(\pi(Q_n \mid N(T_1) = n))}{\partial Q_n} = [1 - G_Y(Q_n)][(R - C) - (R - V)F_{X_n}(Q_n)] - S[1 - G_Y(Q_n)][1 - F_{X_n}(Q_n)] = 0$, 得

$$F_{X_n}(Q_n) = \frac{R - C - S}{R - V - S}$$

由于 $N(T_1)$ 为市场需求在 $(0, T_1]$ 内受到风险流 Z_1 的次数, 故 $N(T_1) \sim P(T_1 \lambda_1)$。由此, 可得

$$P\{N(T_1) = n\} = (\lambda_1 T_1)^n \mathrm{e}^{-\lambda_1 T_1} / n!$$

于是, 由上述的推导过程可得销售商的最优订期望购量, 即

$$Q^* = \mathrm{e}^{-\lambda_1 T_1} \sum_{n=0}^{+\infty} Q_n^* (T_1 \lambda_1)^n / n!$$

下边给出 $F_{X_n}(x)$ 的表达式。由式(4.2)可知 $X_n = a_n X_{n-1}$, 因此利用迭代法并结合 $N(T_1) = n$, 可得市场在受到风险流 n 次冲击时的需求量为 $X_n = a_1 a_2 \cdots a_n X_0$。又因为 X_0 的分布函数为 $F_{X_0}(x)$, 所以当风险流 Z_1 的干预次数

$N(T_1) = n$ 时,随机变量 X_n 的分布函数为

$$F_{X_n}(x) = F_{X_0}(x/(a_1 a_2 \cdots a_n))$$ □

由式(4.7)和式(4.8)可知,最优条件订购量和最优期望订购量仅与需求侧的随机性有关,而与供给侧的不确定性无关。由此,表明了在供需两侧受到风险流干预的情况下,决策机制具有单侧性,即决策者仅从需求侧的随机性考虑最优订购量策略。

4.2.4 决策机制的近似性质

在模型的理论上,由于风险流 Z_1 的干预次数 $N(T_1)$ 具有等于无穷大的可能,进而使式(4.6)和式(4.8)在计算过程中有实际操作的困难。为此,下边提出近似正则数的理论与方法,以解决模型的计算问题。

定义 4.1 设 Z 为一随机变量,δ 为误差值,若概率 $P\{Z \leq A\} = 1 - \alpha$,则称 A 为误差值 δ 不超过 α 的近似正则数,简记为 $A(\delta < \alpha)$。

显然,当 α 取值越小时,随机事件 $\{Z \leq A\}$ 在概率测度上的属性就越接近于分布函数的正则性。在误差值 δ 不超过 α 的情况下,若随机变量 Z 的近似正则数为 A,则可将模型(4.6)和(4.8)简化为以下表达式:

$$Q^* \approx e^{-T_1 \lambda_1} \sum_{n=0}^{A} Q_n^* (T_1 \lambda_1)^n / n! \tag{4.9}$$

$$E(\pi(Q^*)) \approx e^{-T_1 \lambda_1} \sum_{n=0}^{A} E(\pi(Q_n^* | N(T_1) = n))(T_1 \lambda_1)^n / n! \tag{4.10}$$

由此,可将式(4.6)和式(4.8)中所涉及的无限计算过程转化为有限求和问题来处理。

4.3 数值算例分析

在供应链的实际问题中,需求变量的分布函数具有正态分布的概率属性,而伽马分布可以通过形状参数的设定来逼近正态分布的特征。为此,当 $N(T_1) = 0$ 时,不妨假设市场需求 X_0 服从伽马分布 $G(\beta, \xi)$,即

$$f_{X_0}(x) = \xi^\beta x^{\beta-1} e^{-\xi x} / \Gamma(\beta), x \geq 0 \tag{4.11}$$

其中,$\Gamma(\beta) = \int_0^{+\infty} x^{\beta-1} e^{-x} dx$,$\beta$ 为形状参数,ξ 为尺度参数。

当伽马分布的形状参数 $\beta > 2$ 时，其概率密度的形态与正态分布相近，因此，这里不妨假设形状参数 $\beta = 3$，以便在数值模拟过程中符合客观实际。

4.3.1 模型的可行性和有效性检验

麦肯锡供应链管理合伙人 Knut Alicke 在世界港口大会上指出，近年来对供应链可靠性产生影响的事件数量在逐年增加，平均 3.7 年就会发生 1 次供应中断的事件（麦肯锡，2021）。根据这个数据来推算，每年发生供应中断的事件约为 0.27 次。因此，为了使新模型中的参数具有实际意义，以检验其在应用中的可行性和有效性，这里假设 $\lambda_i \geq 0.27 (i=1,2)$。

假设产品新的销售周期时长（单位：年）$T_1 = 1$，若风险流 Z_1 在单位时间内的干预强度参数 $\lambda_1 = 0.27$，则 $\lambda_1 T_1 = 0.27$。于是，在误差值 $\delta \leq 0.0001$ 的条件下，根据定义 4.1 可得风险流的近似正则数 $A = 4$，其他模型参数的取值见表 4.1。由此，根据式（4.7）和式（4.9）至式（4.11）可得，在 Z_1 和 Z_2 双重风险流干预下销售商带有缺货成本的最优条件订购量 Q_n^*、最优期望订购量 Q^*、条件期望利润 $E(\pi(Q_n) | N(T_1) = n)$ 和期望利润 $E(\pi(Q))$。具体的数值结果，详见表 4.1。

表 4.1 参数给定下模型的最优解

模型参数	需求密度函数参数：$\beta = 3$，$\xi = 0.018$；风险流 Z_1 和 Z_2 的强度参数：$\lambda_1 = 0.27$，$\lambda_2 = 0.30$；单位产能：$P = 360$；价格和成本参数：$R = 350$，$C = 250$，$S = 25$，$V = 20$；需求弹性系数：$a_i = 0.95 (i = 1, 2, \cdots, A)$，其中 $A = 4$				
$N(T_1)$	0	1	2	3	4
Q_n^*	95.10	90.34	85.83	81.54	77.46
$E(\pi(Q_n^*) \| N(T_1) = n))$	6795.3	6465.7	6151.9	5852.7	5567.6

注：最优期望订购量为 93.82，期望利润为 6706.8。

由表 4.1 中的数值模拟结果可得销售商的最优条件订购量 Q_n^* 和条件期望利润 $E(\pi(Q_n) | N(T_1) = n))$，比如，当 $N(T_1) = 3$，即市场需求在 $(0, T_1]$ 受到 Z_1 的干预次数等于 3 时，$Q_3^* = 81.54$ 及 $E(\pi(Q_3^*) | N(T_1) = 3)) = 6151.9$。于是，由式（4.9）和式（4.10）可得，最优期望订购量 $Q^* = 93.82$ 及

期望利润 $E(\pi(Q)) = 6706.8$。同时，亦可知，风险流 Z_1 在 $(0, T_1]$ 时间内对市场需求发生干预的次数增大时，最优条件订购量和条件期望利润就会呈现下滑的现象，这表明最优条件订购量和条件期望利润关于风险流 Z_1 的干预次数为单调递减的函数。显然，Q_n^* 和 $E(\pi(Q_n^*) | N(T_1) = n))$ 分别与干预次数 n 之间产生如此关联机理是符合客观实际的。事实上，当需求侧受到风险流干预时，就会呈现需求收缩的现象，进而导致订购量下降和预期收益减弱。由此，基于数值模拟与仿真视角，进一步验证了新模型的可行性和有效性。

4.3.2 风险流 Z_1 的强度参数与决策机制之间的关联性

需求侧中的随机性主要由风险流 Z_1 的干预诱发而成的，是供应链运作与管理中的重要风险源之一，对库存系统绩效性的影响具有支点性的作用。为了便于揭示由需求侧中的随机性所诱发出来的风险传导机理，以下假设供给侧中的参数及其他非随机参数为固定的常数。

在实际问题中，如何识别需求侧中的随机性在供应链各节点上的扩散路径和传导方式，关乎决策准则的制定是否科学与合理。在需求密度函数中的形状参数 β 和尺度参数 ξ 给定的情形下，由式(4.2)可知，需求侧中 X_n 的变化趋势主要是由强度参数 λ_1 来确定的。为此，以下从风险流的干预强度参数 λ_1 的独立视角来揭示最优期望订购量和期望利润与风险流 Z_1 之间的关联性。除了强度参数 λ_1，其他参数的取值见表4.2。同时，由定义4.1可知，在误差值 $\delta \leq 0.0001$ 的情况下，当 $\theta \in [0.4, 0.6]$ 时，风险流 Z_1 的近似正则数等于5。因此，为了便于模型的计算过程，这里不妨假设风险流 Z_1 所携带的强度参数 $\lambda_1 \in [0.4, 0.6]$。于是，结合式(4.9)至式(4.11)，可揭示需求侧中的随机性传导到最优期望订购量及期望利润的作用机理。具体的数值模拟结果见表4.2。

表4.2　强度参数对最优期望订购量和期望利润的影响

模型参数	需求密度函数参数：$\beta=3$，$\xi=0.018$；风险流 Z_1 和 Z_2 的强度参数：$\lambda_2=0.30$；单位产能：$P=360$；价格和成本参数：$R=350$，$C=250$，$S=25$，$V=20$；需求弹性系数：$a_i=0.95$($i=1$，2，$\cdots$，A)，其中 $A=5$						
强度参数 λ_1	0.40	0.43	0.46	0.49	0.52	0.55	0.58
最优期望订购量 Q^*	93.22	93.08	92.94	92.80	92.66	92.52	92.8
期望利润 $E(\pi(Q))$	6664.7	6655.0	6645.3	6635.6	6625.9	6616.3	6606.6

在风险决策过程中，如何识别风险流的统计规律性在决策机制中的传导方式和路径，对决策者制定订购策略至关重要，关乎衡量管理者所制定的决策行为是否具有有效性和科学性。由表4.2中的数值模拟结果可知，风险流 Z_1 的强度参数 λ_1 对最优期望订购量 Q^* 和期望利润 $E(\pi(Q))$ 具有负向的关联性，由此意味着风险流对需求侧冲击强度越大，最优期望订购量 Q^* 和期望利润 $E(\pi(Q))$ 就越凸显下降的趋势。因此，从中可以得出一个重要的管理启示：决策者应以需求侧中风险流的统计规律性，加强应对超预期因素的管理意识，即当 λ_1 趋于上升时，决策者应意识到供应链中断风险的可能性进一步加剧，在管理上要树立见微知著的风控思想，以应对供需两侧中随机性所带来的风险和挑战。

4.3.3　供给侧中风险流对决策机制的影响

为了揭示供给侧中风险流对决策机制的影响，不妨假设 Z_1 的携带强度参数 $\lambda_1=0.27$。由此，意味着在误差值 $\delta\leqslant 0.0001$ 的情况下，风险流 Z_1 的近似正则数 $A=4$。同时，根据本章模型的假设，可知供给侧的不确定性是由风险流 Z_1 干预所导致的。因此，为了便于揭示供给侧中风险流 Z_2 与供应链决策机制之间的关联性，这里不妨假设模型中的其他参数保持不变，并且在此销售期间内风险流 Z_1 未对需求侧产生冲击，即 $N(T_1)=n=0$。具体数值模拟与仿真结果见表4.3。

第4章 供需受风险流干预下带有缺货成本的报童模型

表 4.3 强度参数与决策机制之间的关联性

模型参数	需求密度函数参数：$\beta=3$，$\xi=0.018$；风险流 Z_1 和 Z_2 的强度参数：$\lambda_1=0.27$；单位产能：$P=360$；价格和成本参数：$R=350$，$C=250$，$S=25$，$V=20$						
强度参数 λ_2	0.27	0.37	0.47	0.57	0.67	0.77	0.87
Q_0^*	95.10	95.10	95.10	95.10	95.10	95.10	95.10
$E(\pi(Q_0^*\mid N(T_1)=0))$	6817.0	6745.3	6674.6	6605.0	6536.5	6468.9	6402.4

根据供应链运作与管理的经验研判：当强度参数 λ_2 增大时，供给侧中的不确定性就会加剧，进而使决策机制所面临的风险性增大，即条件期望利润载荷着下行趋势的压力就会随之上升。表 4.3 中数值的实验结果证实了这个经验研判，即在需求侧受到风险流 Z_1 的干预次数 $N(T_1)=0$ 的情况下，期望利润 $E(\pi(Q_0^*\mid N(T_1)=0))$ 关于风险流 Z_2 的强度参数 λ_2 为单调递减的函数。由此，意味着当强度参数 λ_2 增大时，决策机制中的期望利润就会面临着下降的趋势。然而，从表 4.3 中的数值结果亦可知：在需求侧受到风险流 Z_1 的干预次数 $N(T_1)=0$ 的情况下，系统中的最优订购量 Q_0^* 并未受到供给侧中的干预强度的影响。事实上，从模型的理论上，易解释这种现象。由命题 4.2 的结论可知：若 Q_n^* 为当风险流 Z_1 的干预次数 $N(T_1)=n$ 时的最优订购量，则在风险流 Z_1 和 Z_2 干预下 Q_n^* 满足以下代数关系式：

$$F_{X_n}(Q_n^*)=\frac{R-C-S}{R-V-S}$$

由此可见，最优条件订购量仅与需求侧的随机有关。因此，在需求侧受到风险流 Z_1 的干预次数 $N(T_1)=0$ 和 $\lambda_1=0.27$ 的固定情况下，最优订购量 Q_0^* 并未受到供给侧中的干预强度的影响。

4.4 本章小结

在自然灾害、俄乌冲突、科技战、贸易战等突发事件相互交织和重叠的大背景下，供应链的决策环境日趋于复杂化，供需两侧中的随机性风险因素映射到决策机制的作用机理，愈凸显复杂非线性随机系统的本质特征，这给传统随机优化控制理论和方法带来极大的挑战。为此，本章基于泊松过程理论刻画了风险流在供需两侧中的传导机理，进而基于报童模型的理论基础，将缺货成本纳入决策模型的理论框架，并导出相应的决策机制。由新模型的相关理论及其数值模拟结果，可以得出如下重要结论和管理启示：

一是风险流对供需两侧所产生的干预作用，对决策机制中的最优期望订购量和期望利润具有负向的关联性，由此可知风险流在决策机制中的传导机理，也就是当风险流干预强度增大时，最优期望订购量和期望利润就会呈现下降的趋势。

二是深入挖掘供需两侧中的风险信息，有助于提升管理者的决策水平。实际上，供需双方的风险信息不透明，会导致供方不知需求侧的随机性，而需求方未能明确供方的供给能力，进而使双方在制定决策过程中缺乏合理性和有效性。因此，有必要基于风险流的传导机理构建风险信息共享机制，促进风险流数据信息的互联互通性，由此可提升供应链的风险决策水平。

三是基于供需两侧中风险流的统计结构建立风险防范和化解机制。一方面，因为供给侧中风险流的干预强度参数与期望利润之间具有负向的关联性，所以当其干预强度参数落在一定的区间内且使期望利润不满足销售商的预期时，需求方应启动备份供应商方案，拓展多源采购渠道，以避免供应不足带来缺货损失；另一方面，又因为需求侧中风险流的干预强度对最优订购量和期望利润同样具有负向的干预机理，所以当干预强度落到风险警示区间内时，决策者应采取保守的降低订购策略，以化解因需求不足而导致积货的风险性。

第5章　需求侧受风险流干预下带有风险厌恶的报童模型

5.1　引　言

在第4章的研究内容中,主要在供需两侧带有风险流的情形下,考虑了带有缺货成本的报童问题,并未考虑决策者所持有的风险厌恶程度对决策机制的影响。Poundstone(2011)认为当人类处于不确定的生存环境时,就会产生特殊的心理活动,即人类在承担风险的环境下所体现出来的偏好特征。当供需两侧受到风险流干预时,决策者所处的决策环境存在诸多不确定性的因素,因此有必要将决策者所持有的风险偏好性纳入决策模型的理论框架,以切合解决实际问题的本质要求。在第4章中,已经详细回顾与述评了关于随机供需两侧下报童问题的研究成果,以下只针对带有风险厌恶的报童模型进行简单的回顾和评述。

决策者在供应链的不确定复杂环境下,对待风险的态度往往具有一定的差异性,由此导致决策行为在制定过程中存在本质上的差别。国内外诸多学者主要基于VaR准则、CVaR准则和效用函数来度量决策行为的风险厌恶程度。为此,以下主要从这三个理论视角对相关研究领域进行述评:①基于VaR准则。VaR准则在理论上比较通俗、易明和简约,便于决策者根据VaR的变化趋势掌握系统中的风险信息。为此,诸多学者以该准则作为风险测度的理论基础研究了带有风险厌恶的报童问题,比如Özler等(2009)及王田和郑重(2022)基于VaR准则研究了多产品报童问题和斯坦伯格顺序博弈问题,并导出相应的最优订购侧率。虽然VaR准则具有上述诸多优点,但是在理论设计上存在不满足次可加性和凸性等局限性。②基于CVaR准则。Rockafellar和Uryasev(2000)针对VaR准则的局限性问题提出了CVaR准则,在供应链的风险决策研究领域得到广泛的应用,例如Dai和Meng

(2015）在考虑市场促销努力和价格对需求的影响下，构建了带有 CVaR 准则的报童模型，该研究表明促销努力程度和价格水平对最优订购策略具有重要的关联性。Xue 等（2015）考虑决策者的风险偏好对期权价值具有重要的干预作用，为此基于 CVaR 准则建立了期货报童模型。谭德庆和陈雪莹（2021）研究了资金约束下基于 CVaR 的供应链协调性与融资策略选择问题。③基于效用函数。以效用函数来研究库存的风险决策问题，Bouakiz 和 Sobel（1992）的理论研究工作体现了研究领域的先驱性。Choi 和 Ruszczyński（2011）及金伟和骆建文（2018）沿着此研究路径，基于指数型效用函数风险测度研究了带有风险厌恶的决策问题。

虽然诸多学者以各种风险测度理论深入拓展报童模型的理论基础，并取得阶段性的丰富成果，但是在需求侧受到风险流干预的情况下，尚未有人构建带有缺货成本的决策模型。为此，本章拟以泊松过程为理论导向，将风险流在需求侧中的传导机理纳入报童模型的理论框架之中，进而提出带有风险厌恶的决策模型。

5.2　模型的构建

在第 4 章的模型描述、假设和符号说明的基础上，为了进一步拓展模型在风险厌恶的情况下的适应性，以下做一些补充说明。一般情形下，当决策者面临风险流干预强度上升时，其所持有的厌恶程度就随之升高。因此，当需求侧受到风险流 Z 的干预强度为 λ，不妨假设决策者所持有的风险厌恶因子为 $\eta = \eta(\lambda)$，并且满足 $d\eta(\lambda)/d\lambda < 0$，这意味着 $\eta(\lambda)$ 关于 λ 为单调递减的函数。

5.2.1　带有风险厌恶的决策模型

为了提出在供需两侧受到风险流干预情况下带有缺货成本的报童模型，下面介绍条件在险值准则，即

$$CVaR_\eta(\pi(Q)) = \max_{\varphi \in \mathbf{R}} \left\{ H(Q,\varphi) \triangleq \varphi - \frac{1}{\eta}\mathrm{E}(\varphi - \pi(Q))^+ \right\} \quad (5.1)$$

其中，风险厌恶因子 $\eta \in (0,1]$，反映决策者所持有的风险偏好性；$\mathbf{R}$ 为实数集。当 η 的取值越小时，决策者的风险厌恶程度就越高。

由式(4.4)易可得,在不带有缺货成本的情况下,当干预次数 $N(T_1) = n$ 时,销售商的利润函数为

$$\pi(Q_n \mid N(T_1) = n) = (R - C)Q_n - (R - V)(Q_n - X_n)^+ \quad (5.2)$$

其中,a_n 为市场规模扩缩的弹性系数。显然,当 $0 < a_n < 1$ 时,表示需求收缩;当 $1 \leq a_n$ 时,表示市场规模出现保持不变或扩大的现象。于是,根据式(5.1)可得在需求侧受到冲击次数 $N(T_1) = n$ 的条件下带有风险厌恶的决策模型,即

$$\max_{Q_n} \left\{ CVaR_{\eta(\lambda)} (\pi(Q_n \mid N(T_1) = n)) \right\} = \max_{Q_n} \left\{ \max_{\varphi \in \mathbf{R}} \left\{ H(Q_n, \varphi) \right\} \right\} \quad (5.3)$$

其中,$H(Q_n, \varphi) \triangleq \varphi - \frac{1}{\eta(\lambda)} E(\varphi - \pi(Q_n \mid N(T_1) = n))^+$。

目前学术界基于效用函数、VaR 准则和 CVaR 准则等理论视角,研究带有风险厌恶的报童问题,所取得的研究成果进一步丰富了供应链风险决策的理论和方法,并深入揭示了决策者所持有的风险厌恶程度对决策机制的作用机理。然而,缺乏基于供需两侧中风险流干预作用及系统的缺货成本研究决策机制依风险流的统计规律性所诱发的演变过程。为此,式(5.3)将风险流的强度映射到风险厌恶因子 $\eta(\lambda)$ 中,进而解决了风险流的干预作用与决策机制之间的关联性问题。

5.2.2 决策机制的最优策略

根据 Poundstone (2011) 的观点易知,决策者在需求受到风险流的干预下所制定的决策行为对供应链的决策机制具有重要的影响。下面假设市场在 $(0, T_1]$ 内受到风险流 Z_1 的干预次数为 $N(T_1)$,导出决策者的最优订购策略。

命题 5.1 记 $N(T_1)$ 为市场在 $(0, T_1]$ 内受到风险流 Z_1 的次数,X_n 为在干预次数 $N(T_1) = n$ 条件下的需求,其分布函数为 $F_{X_n}(x)$。若 Q_n^* 为在 $N(T_1) = n$ 情形下的最优订购量,则有

$$F_{X_n}(Q_n^*) = \eta(\lambda) \frac{R - C}{R - S} \quad (5.4)$$

进而决策者的最优期望订购量为

$$Q^* = e^{-T_1 \lambda_1} \sum_{n=0}^{+\infty} Q_n^* (T_1 \lambda_1)^n / n! \quad (5.5)$$

证明： 由式(5.2)可知，$H(Q_n,\varphi) = \varphi - E(\varphi - \pi(Q_n \mid N(T_1) = n))^+ / \eta(\lambda)$。又因为在 $N(T_1) = n$ 的条件下销售商的利润函数为

$$\pi(Q_n \mid N(T_1) = n) = (R - C)Q_n - (R - V)(Q_n - X_n)^+$$

所以

$$H(Q_n,\varphi) = \varphi - \frac{1}{\eta(\lambda)} E(\varphi - \pi(Q_n \mid N(T_1) = n))^+$$

$$= \varphi - \frac{1}{\eta(\lambda)} \int_0^{+\infty} [\varphi - (R - C)Q_n + (R - V)(Q_n - x)^+]^+ \mathrm{d}F_{X_n}(x)$$

$$= \varphi - \frac{1}{\eta(\lambda)} \left\{ \int_0^{Q_n} [\varphi - (R - C)Q_n + (R - V)(Q_n - x)]^+ \mathrm{d}F_{X_n}(x) + \int_0^{+\infty} [\varphi - (R - C)Q_n]^+ \mathrm{d}F_{X_n}(x) \right\}$$

由式(5.3)得，$\max_{Q_n}\{CVaR_{\eta(\lambda)}(\pi(Q_n \mid N(T_1) = n))\} = \max_{Q_n} \{\max_{\varphi \in \mathbf{R}}\{H(Q_n,\varphi)\}\}$，故为了求出最优条件订购量 Q_n^*，首先要求出 $\max_{\varphi \in \mathbf{R}}\{H(Q_n,\varphi)\}$ 的最优值。显然，$H(Q_n,\varphi)$ 关于 φ 为分段函数。因此，可以根据 φ 的不同取值区间，确定 $\max_{\varphi \in \mathbf{R}}\{H(Q_n,\varphi)\}$ 的最优值。

(1) $\varphi \in (-\infty, (V - C)Q_n)$ 情形。

若 $\varphi \in (-\infty, (V - C)Q_n]$，则有 $H(Q_n,\varphi) = \varphi$，故 $\dfrac{\partial H(Q_n,\varphi)}{\partial \varphi} = 1 > 0$。

(2) $\varphi \in ((V - C)Q_n, (R - C)Q_n)$ 情形。

若 $x < [\varphi - (V-C)Q_n]/(R-V)$，则有

$$[\varphi + (C - V)Q_n - (V - R)x]^+ = \varphi + (C - V)Q_n - (V - R)x$$

因此，

$$H(Q_n,\varphi) = \varphi - \frac{1}{\eta(\lambda)} \left\{ \int_0^{[\varphi - (V-C)Q_n]/(R-V)} [\varphi + (C - V)Q_n - (R - V)x] \mathrm{d}F_{X_n}(x) \right\}$$

对其求关于 φ 的偏导数，可得

$$\frac{\partial H(Q_n,\varphi)}{\partial \varphi} = 1 - \frac{F_{X_n}([\varphi - (V - C)Q_n]/(R - V))}{\eta(\lambda)}$$

由此可知：$\dfrac{\partial H(Q_n,\varphi)}{\partial \varphi}\bigg|_{\varphi = (V-C)Q_n} = 1 > 0$，$\dfrac{\partial H(Q_n,\varphi)}{\partial \varphi}\bigg|_{\varphi = (R-C)Q_n} = 1 -$

第5章　需求侧受风险流干预下带有风险厌恶的报童模型

$\dfrac{1}{\eta(\lambda)} F_{X_n}(Q_n) > 0$。

(3) $\varphi \in ((R-C)Q_n, +\infty)$ 情形。

若 $\varphi \geq (R-C)Q_n$，则有

$$H(Q_n, \varphi) = \varphi - \dfrac{1}{\eta(\lambda)} \left(\int_0^{Q_n} [\varphi - (R-C)Q_n + (R-V)(Q_n-x)]^+ \mathrm{d}F_{X_n}(x) + \int_0^{+\infty} [\varphi - (R-C)Q_n]^+ \mathrm{d}F_{X_n}(x) \right)$$

故 $\dfrac{\partial H(Q_n, \varphi)}{\partial \varphi} = 1 - \dfrac{1}{\eta(\lambda_1, \lambda_2)} \leq 0$。因此，在 $\varphi \in ((R-C)Q_n, +\infty)$ 情形下，$H(Q_n, \varphi)$ 关于 φ 为单调递减的函数。

综上所述，若 $\varphi^*(Q_n)$ 为 $H(Q_n, \varphi)$ 的极值点，则必然有

$$\varphi^*(Q_n) \in ((V-C)Q_n, (R-C)Q_n]$$

因此，当 $Q_n \geq F_{X_n}^{-1}(\eta(\lambda))$ 时，令

$$\dfrac{\partial H(Q_n, \varphi)}{\partial \varphi} = 1 - \dfrac{F_{X_n}([\varphi - (V-C)Q_n]/(R-V))}{\eta(\lambda)} = 0$$

解得 $\varphi^*(Q_n) = (R-V)F_{X_n}^{-1}(\eta(\lambda)) - (C-V)Q_n$，故

$$H(Q_n, \varphi^*(Q_n)) = -(C-S)Q_n + \dfrac{1}{\eta(\lambda)} \int_0^{F_{X_n}^{-1}(\eta(\lambda))} (R-S)x \mathrm{d}F_{X_n}(x)$$

对其求关于 Q_n 的导数，得

$$\dfrac{\mathrm{d}H(Q_n, \varphi^*(Q_n))}{\mathrm{d}Q_n} = -(C-S) < 0$$

因此，当 $\varphi^*(Q_n) = (R-V)F_{X_n}^{-1}(\eta(\lambda)) - (C-V)Q_n$ 时，关于决策变量 Q_n，$H(Q_n, \varphi^*(Q_n))$ 不存在最优值。

若 $Q_n < F_{X_n}^{-1}(\eta(\lambda))$，则 $\varphi^*(Q_n) = (R-C)Q_n$，因此，

$$H(Q_n, \varphi^*(Q_n)) = -(R-C)Q_n + \dfrac{1}{\eta(\lambda)} \int_0^{Q_n} [(R-S)(Q_n-x)] \mathrm{d}F_{X_n}(x)$$

令 $\dfrac{\mathrm{d}H(Q_n, \varphi^*(Q_n))}{\mathrm{d}Q_n} = -(R-C) - \dfrac{1}{\eta(\lambda)}(R-S)F_{X_n}(Q_n) = 0$，可得

$$F_{X_n}(Q_n^*) = \eta(\lambda) \dfrac{R-C}{R-S}$$

由于 $N(T_1)$ 为市场需求在 $(0, T_1]$ 内受到风险流 Z_1 的次数，故 $N(T_1) \sim P(T_1 \lambda_1)$，由此可得 $P\{N(T_1) = n\} = (\lambda_1 T_1)^n \mathrm{e}^{-\lambda_1 T_1}/n!$。于是，若 Q_n^* 为在 $N(T_1) = n$ 情形下的最优订购量，可得销售商的最优订期望购量，即

$$Q^* = e^{-T_1\lambda_1} \sum_{n=0}^{+\infty} Q_n^* (T_1\lambda_1)^n / n!$$

由命题 5.1 中的结论可知，风险流 Z 所携带的强度参数 λ 对供应链的决策机制具有重要的干预作用。同时，根据式(5.4)和式(5.5)，易得出如下的基本结论：销售商的最优期望订购量 Q^* 和最优条件订购量 Q_n^* 是单调递减的函数。由此可见，新模型在理论设计上具有可行性和有效性。

而后，在干预次数 $N(T_1) = n$ 条件下，根据式(5.4)和式(5.5)可导出销售商带有风险厌恶的期望利润。

命题 5.2 设 $N(T_1)$ 为市场在 $(0, T_1)$ 内受到风险流 Z_1 的次数，X_n 和 Q_n^* 分别为在干预次数 $N(T_1) = n$ 条件下的需求及最优条件订购量，向量 $\boldsymbol{Q}^* = (Q_1^*, Q_2^*, \cdots, Q_n^*, \cdots)$。若 X_n 的分布函数为 $F_{X_n}(x)$，则可得销售商在新销售周期 $(0, T_1)$ 内带有风险厌恶的条件期望利润和期望利润分别为

$$E(\pi(Q_n^* \mid N(T_1) = n)) = (R - C)Q_n^* - (R - V)\int_0^{Q_n^*} F_{X_n}(x) \, dx \quad (5.6)$$

$$\begin{aligned}
E(\pi(Q^*)) &= \sum_{n=0}^{+\infty} E(\pi(Q_n^* \mid N(T_1) = n)) P\{N(T_1) = n\} \\
&= e^{-T_1\lambda_1} \sum_{n=0}^{+\infty} E(\pi(Q_n^* \mid N(T_1) = n))(T_1\lambda_1)^n / n! \quad (5.7)
\end{aligned}$$

证明： 由式(5.2)可知，$\pi(Q_n \mid N(T_1) = n) = (R - C)Q_n - (R - V) \cdot (Q_n - X_n)^+$。因此，在 $N(T_1) = n$ 的条件下，销售商的最优条件期望利润函数为

$$\begin{aligned}
E(\pi(Q_n^* \mid N(T_1) = n)) &= \int_0^{+\infty} [(R - C)Q_n^* - (R - V)(Q_n^* - x)^+] dF_{X_n}(x) \\
&= \int_0^{Q_n^*} [(R - C)Q_n^* - (R - V)(Q_n^* - x)] dF_{X_n}(x) + \\
&\quad \int_{Q_n^*}^{+\infty} [(R - C)Q_n^*] dF_{X_n}(x) \\
&= \int_0^{Q_n^*} [(R - C)Q_n^*] dF_{X_n}(x) - \int_0^{Q_n^*} [(R - V)(Q_n^* - x)] dF_{X_n}(x) + \int_{Q_n^*}^{+\infty} [(R - C)Q_n^*] dF_{X_n}(x)
\end{aligned}$$

第5章 需求侧受风险流干预下带有风险厌恶的报童模型

$$= (R-C)Q_n^* F_{X_n}(Q_n^*) - (R-V)Q_n^* F_{X_n}(Q_n^*) +$$
$$\int_0^{Q_n^*} (R-V)x \mathrm{d}F_{X_n}(x) + \int_{Q_n^*}^{+\infty} [(R-C)Q_n^*] \mathrm{d}F_{X_n}(x)$$
$$= (R-C)Q_n^* F_{X_n}(Q_n^*) - (R-V)Q_n^* F_{X_n}(Q_n^*) +$$
$$(R-V)Q_n^* F_{X_n}(Q_n^*) - (R-V)\int_0^{Q_n^*} F_{X_n}(x)\mathrm{d}x +$$
$$(R-C)Q_n^* [1 - F_{X_n}(Q_n^*)]$$
$$= (R-C)Q_n^* F_{X_n}(Q_n^*) - (R-V)\int_0^{Q_n^*} F_{X_n}(x)\mathrm{d}x +$$
$$(R-C)Q_n^* [1 - F_{X_n}(Q_n^*)]$$
$$= (R-C)Q_n^* - (R-V)\int_0^{Q_n^*} F_{X_n}(x)\mathrm{d}x$$

由于 $N(T_1)$ 为市场需求在 $(0,T_1]$ 内受到风险流 Z_1 的次数,故 $N(T_1) \sim P(T_1\lambda_1)$。由此可得:$P\{N(T_1) = n\} = (\lambda_1 T_1)^n e^{-\lambda_1 T_1}/n!$。于是,若 $E(\pi(Q_n^* | N(T_1) = n))$ 为在 $N(T_1) = n$ 情形下的最优条件期望利润,可得销售商的最优期望利润,即

$$E(\pi(Q^*)) = \sum_{n=0}^{+\infty} E(\pi(Q_n^* | N(T_1) = n)) P\{N(T_1) = n\}$$
$$= \mathrm{e}^{-T_1\lambda_1} \sum_{n=0}^{+\infty} E(\pi(Q_n^* | N(T_1) = n))(\lambda_1 T_1)^n/n! \qquad \square$$

由命题 5.2 的结论可知:在需求侧受到风险流 Z 的干预作用下,其所携带的强度参数 λ 对销售商的期望利润产生重要的扰动性作用。式(5.6)和式(5.7)采用泊松过程,将风险流 Z 的强度参数 λ 纳入期望利润函数的理论框架,进而揭示风险流的统计规律性与期望利润函数之间的关联性。

根据第 4 章的理论成果可知,在误差值 δ 不超过 α 的情况下,若随机变量 Z 的近似正则数为 A,同样可将式(5.5)和式(5.7)简化为有限型的表达式:

$$Q^* \approx \mathrm{e}^{-T_1\lambda_1} \sum_{n=0}^{A} Q_n^* (T_1\lambda_1)^n/n! \qquad (5.8)$$

$$E(\pi(Q^*)) \approx \mathrm{e}^{-T_1\lambda_1} \sum_{n=0}^{A} E(\pi(Q_n^* | N(T_1) = n))(T_1\lambda_1)^n/n! \qquad (5.9)$$

注:为了简化模型的计算过程,下面所涉及的最优期望订购量和期望利润的计算,都以式(5.8)和式(5.9)作为计算过程的理论依据。

5.3 模型的数值模拟分析

延续第 4 章的理论假设：当 $N(T_1)=0$ 时，同样假设市场需求 X_0 服从伽马分布 $G(\beta,\xi)$，即

$$f_{X_0}(x) = \xi^{\beta} x^{\beta-1} e^{-\xi x} / \Gamma(\beta), x \geq 0 \tag{5.10}$$

其中，$\Gamma(\beta) = \int_0^{+\infty} x^{\beta-1} e^{-x} dx$，$\beta$ 为形状参数，ξ 为尺度参数。

根据本章模型的假设，以下给出决策者的风险厌恶因子与强度参数 λ 之间的关联机理。

定义 5.1 设 λ 为风险流 Z 带有的干预强度参数，令

$$\eta(\lambda) = e^{-\alpha\lambda} \tag{5.11}$$

其中，权数 $\alpha \geq 0$，则称式(5.11)为决策者所持有风险厌恶因子与强度参数 λ 之间的关联机理。

易知式(5.11)满足风险厌恶因子的基本性质，也就是 $\eta(\lambda)$ 满足 $\eta(\lambda) \in (0,1]$。同时，也满足模型的假设条件，即 $d\eta(\lambda)/d\lambda < 0$。

5.3.1 模型的最优数值解

假设产品新的销售周期时长（单位：年）$T_1=1$，且风险流 Z 在单位时间内对需求侧产生干预的强度参数 $\lambda=0.28$，故 $T_1\lambda=0.28$。因此，在误差值 $\delta \leq 0.0001$ 的条件下，根据定义 4.1 可得风险流的近似正则数 $A=4$。于是，根据式(5.4)和式(5.8)至式(5.11)可得，在需求侧受到风险流 Z 的干预作用下，销售商带有缺货成本的最优条件订购量 Q_n^*、最优期望订购量 Q^*、条件期望利润 $E(\pi(Q_n^*|N(T_1)=n))$ 和期望利润 $E(\pi(Q^*))$。具体的数值分析见表 5.1。

第5章 需求侧受风险流干预下带有风险厌恶的报童模型

表5.1 既定参数下模型的最优解

模型参数	需求密度函数参数：$\beta=3$，$\xi=0.016$；强度参数：$\lambda=0.28$；权数：$\alpha=2$；价格和成本参数：$R=400$，$C=300$，$V=30$；弹性系数：$a_i=0.9(i=1,2,\cdots,A)$，其中$A=4$				
$N(T_1)$	0	1	2	3	4
Q_n^*	84.32	75.89	68.31	61.48	55.33
$E(\pi(Q_n^*\mid N(T_1)=n))$	6957.4	6261.8	5636.0	5072.4	4565.1

注：最优期望订购量为82.07，期望利润为6772.1。

若需求侧仅受风险流的干预作用，则由表5.1中的数值模拟与仿真结果可得销售商在不同的干预次数下的最优条件订购量 Q_n^* 和条件期望利润 $E(\pi(Q_n^*\mid N(T_1)=n))$，比如，当 $N(T_1)=2$，即此时市场需求在 $(0,T_1]$ 受到 Z 的干预次数等于2时，$Q_2^*=68.31$ 及 $E(\pi(Q_2^*\mid N(T_1)=2))=5636.0$。同时可知，在需求侧受到风险流 Z 的干预作用下，供应商的最优期望订购量 $Q^*=82.07$ 及期望利润 $E(\pi(Q))=6772.1$。从条件期望利润的数据上看，只要需求侧受到风险流干预，那么销售上所获得的利润将低于期望利润，即小于6772.1。根据表5.1中实验数据的变化趋势，亦可知 Q_n^* 及 $E(\pi(Q_n^*\mid N(T_1)=n))$ 关于干预次数 $N(T_1)=n$ 为单调递减的函数。由此表明决策机制对风险流的干预作用具有高度的敏感性。因此，决策者要以风险流的干预强度参数与决策机制的关联性为制定策略的导引，并充分了解其关联性的内在机理，进而建立防范与化解风险机制，以提升供应链的运作效能。

5.3.2 干预强度参数 λ 对决策机制的干预作用

在只考虑需求侧的随机性对决策机制干预的情况下，当需求密度函数中的形状参数 β 和尺度参数 ξ 给定时，诱发需求侧的随机波动性仅与风险流 Z 的干预强度参数 λ 有关。为此，以下通过风险流 Z 的干预强度参数 λ 的变化趋势来揭示风险厌恶因子、最优期望订购量和期望利润的演变过程。因为在误差值 $\delta\leqslant 0.0001$ 的情况下，当 $\theta\in[0.4,0.6]$ 时，风险流 Z 的近似正则数等于5，所以为了便于模型的模拟与仿真过程，这里假设干预强度参数 $\lambda\in[0.4,0.6]$。于是，结合本章中的式(5.4)和式(5.8)至式(5.11)，可揭示需求侧中的随机性与风险厌恶程度、最优期望订购量及期望利润之间的关联性。具体的数值实验结果见表5.2。

表5.2 强度参数λ对风险厌恶因子、最优期望订购量和期望利润的影响

模型参数	需求密度函数参数：$\beta=3$, $\xi=0.016$；权数：$\alpha_2=2$；价格和成本参数：$R=400$, $C=300$, $V=30$；弹性系数：$\alpha_i=0.9$ ($i=1,2,\cdots,A$)，其中$A=5$					
强度参数λ	0.400	0.425	0.450	0.475	0.500	0.525
风险厌恶因子$\eta(\lambda)$	0.449	0.427	0.407	0.387	0.368	0.350
最优期望订购量Q^*	72.31	70.49	68.89	67.01	65.35	63.74
期望利润$E(\pi(Q))$	6257.6	6149.7	6043.7	5936.2	5828.6	5721.6

由表5.2中的数值模拟结果可知，随着风险流Z的干预强度参数λ对需求侧的干预程度不断上升，风险厌恶因子$\eta(\lambda)$、最优期望订购量Q^*和期望利润$E(\pi(Q))$都随之下降。由此表明风险厌恶因子$\eta(\lambda)$、最优期望订购量Q^*和期望利润$E(\pi(Q))$关于风险流的干预强度参数λ为单调递减的函数。在实际问题中，当决策环境的风险加剧时，决策者往往采取保守的订购策略，以应对超预期因素所带来的风险与挑战，然而由此也导致预期收益降低。因此，根据模型理论进行数值模拟所得出的结果，符合供应链运作与管理的客观实际。可见，由新模型推导出的决策机制具有一定的可行性和有效性。

5.3.3 其他因素对决策机制的影响

在决策机制的内置参数中，除了价格和成本等非随机因素参数，市场规模扩缩的弹性系数a_n和干预次数$N(T_1)$对决策机制具有重要的影响。为此，本小节主要通过以上两个参数的变化趋势来揭示决策机制的内在演变规律。

5.3.3.1 弹性系数对决策机制的影响

根据式(5.2)的内涵可知，当市场规模扩缩的弹性系数$a_n \in (0,1)$时，表示需求收缩；当$1 \leqslant a_n$时，表示市场出现保持不变或一时繁荣的现象。因此，可将弹性系数$a_n=1$称为决策机制的荣枯点。

为了深入揭示 a_n 与决策机制之间的内在关联机理,以下不妨假设风险流 Z 的携带强度、密度函数、风险厌恶因子的权数、价格和成本等参数保持不变,且销售周期时长(单位:年)$T_1=1$。同时,为了消除随机性因素所带来的扰动效应,以便于沉浸式了解弹性系数与决策机制之间的关联性,这里假设风险流 Z 在新销售周期内对需求侧发起的干预次数 $N(T_1)=3$。于是,结合本章中的式(5.4)和式(5.8)至式(5.11),可揭示供需两侧中的弹性系数 a_n 传导到决策机制的作用机理。具体的数值模拟与仿真结果见表5.3。

表5.3 在 $N(T_1)=3$ 下弹性系数对决策机制的传导机理

模型参数	需求密度函数参数:$\beta=3$,$\xi=0.016$;风险流 Z 的强度参数:$\lambda=0.28$;风险厌恶因子的权数:$\alpha=2$;价格和成本参数:$R=400$,$C=300$,$V=30$;干预次数:$N(T_1)=3$						
弹性系数 a_3	0.85	0.90	0.95	1.00	1.05	1.10	1.15
Q_3^*	51.79	61.48	72.30	84.33	97.62	112.24	128.25
$E[\pi(Q_3^*\mid N(T_1)=3)]$	4273.0	5072.4	5965.4	6957.8	8054.5	9260.7	10582.0

由表5.3中的数值实验结果可知,最优订购量和期望利润与弹性系数具有正向的关联性,即随着弹性系数的取值增大而上升。同时可知,在弹性系数增长的步长为0.05的情况下,随着 a_3 的累计增长超过荣枯点而进入繁荣状态时,最优订购量和期望利润与弹性系数之间的敏感度随之上升。这也充分表明:当风险流对需求侧所产生的积极干预作用的叠加态达到一定的程度时,市场就会溢出规模经济效应。

5.3.3.2 干预次数对决策机制的影响

根据前文的定义得知,$a_n=1$ 为决策机制的荣枯点。因此,为了全面研究风险流的干预次数 $N(T_1)$ 对决策机制的影响,下面所涉及的数值模拟分析,分别在弹性系数 $a_n<1$ 或 $a_n>1$ 的情形下进行。具体的数值模拟结果见表5.4。

表5.4 干预次数对决策机制的传导机理

模型参数		需求密度函数参数：$\beta=3$，$\xi=0.016$；强度参数：$\lambda=0.28$；风险厌恶因子的权数：$\alpha=2$；价格和成本参数：$R=400$，$C=300$，$V=30$						
干预次数 $N(T_1)$		0	1	2	3	4	5	6
$a_n=0.85$	最优订购量	84.33	71.68	60.93	51.79	44.02	37.42	31.80
	期望利润	6957.8	5914.1	5027.1	4273.0	3632.0	3087.3	2623.9
$a_n=1.15$	最优订购量	84.33	96.98	111.52	128.25	147.49	169.61	195.05
	期望利润	6957.8	8001.5	9201.5	10582.0	12169.1	13994.0	16093.2

由表5.4的数值模拟结果可知，当市场需求的弹性系数 $a_n=0.85$ 时，系统的干预次数 $N(T_1)$ 对最优订购量和期望利润具有负向的作用机理；而当市场需求的弹性系数 $a_n=1.15$ 时，风险流的干预次数 $N(T_1)$ 对两者所产生的效应具有正向的走势。由于当市场规模扩缩的弹性系数 $a_n\in(0,1)$ 时表示需求收缩，而当 $a_n\in(1,+\infty)$ 时表示市场出现一时繁荣的现象，因此，当 $a_n=0.85$ 时，意味着风险流对决策机制的冲击产生负向的干预作用，故当冲击次数 $N(T_1)$ 的取值越大时，决策机制中的最优订购量和期望利润就越凸显下滑的趋势特征，否则反之。由此可见，决策者有必要建立风险流的识别机制，用于监测市场需求的弹性系数 a_n 的波动范围，以刻画风险流的干预作用机理的正负属性。

5.4 本章小结

市场需求的概率密度函数是供应链运作与管理决策模型的理论基础，如何刻画其客观规律性关乎决策机制的科学性和有效性问题。在需求侧存在风险流的情况下，供应链的随机需求变量受到一定的干预作用，进而诱发相关的扰动性对决策机制产生重要影响。为此，本章利用泊松过程理论给出风险流在需求侧中的干预作用机理，进而联合报童模型的理论框架提出新的决策模型，并导出相应的决策机制。由新模型的相关理论及其数值模拟与仿真的数据结果，可以进一步得出以下重要结论和管理启示：

一是风险厌恶因子 $\eta(\lambda)$、最优期望订购量 Q^* 和期望利润 $E(\pi(Q))$ 关于风险流的干预强度参数 λ 为单调递减的函数。由此,意味着当干预强度参数 λ 增大时,风险厌恶因子 $\eta(\lambda)$、最优期望订购量 Q^* 和期望利润 $E(\pi(Q))$ 具有下降的演变过程。因此,决策者在制定订购策略的过程中,应通过风险流 Z 的干预强度参数 λ 的变化趋势,深入了解决策机制的演变机理,以应对超预期因素带来的风险与挑战。

二是弹性系数分别与最优订购量和期望利润之间具有正向的关联性。因此,当弹性系数变大时,供应链运作与管理的绩效目标达成度较高,否则反之。可见,有必要将需求变量的弹性系数纳入供应链绩效评估机制之中,以揭示决策机制的内在变化规律。

三是风险流的干预次数 $N(T_1)$ 对决策机制所产生的干预属性取决于市场需求的弹性系数 a_n 的取值范围。当 a_n 的取值低于荣枯点($a_n=1$)时,风险流的干预次数 $N(T_1)$ 对决策机制产生负向的干预作用;当 a_n 的取值高于荣枯点时,风险流的干预次数 $N(T_1)$ 对决策机制产生正向的干预作用。因此,决策者需要综合考虑决策机制中的干预次数 $N(T_1)$ 和弹性系数 a_n 两种因素,用于研判需求侧中的风险流对决策机制的干预属性,以提升供应链运作与管理的决策水平。

第6章 随机需求下供给侧带有泊松流的风险厌恶报童模型

6.1 引 言

在自然灾害、巴以冲突、贸易战和科技战等大背景下,所形成的风险流对供给侧产生严重的影响,给全球供应链的稳定性和可靠性带来严峻的挑战,进一步导致供应链的超预期因素剧增。因此,有必要将风险流传导于供给侧中的干预作用作为决策机制的核心要素,考虑供应链运作与管理的优化决策问题,以应对在复杂局势下供应链的风险与挑战。在此背景下,供应随机中断就是供应链所面临的风险与挑战之一。为此,本章拟从供应随机中断视角,综合利用随机过程与报童模型提出新的决策模型,解决供应链的控制与优化问题。

近年来,随机中断成为供应链最重要的风险源之一。因此,在随机中断的条件下,如何制定优化策略,已成为供应链运作与管理领域中的热点问题。目前,国内外诸多学者在该领域所取得的学术成果,主要体现在以下三个方面:

一是带有竞争策略的决策模型。Tao 等(2020)研究了由一个买方和两个竞争供应商组成的两级供应链的最优决策问题,该研究表明通过采用激励机制买方可以提高供应商共享其信息的概率,从而最终提高被破坏的供应链的绩效。Tulika 等(2020)利用博弈论的框架考虑了一个两供应商和一零售商的供应链竞争问题,并提出了两个协调机制来提高供应链绩效,该研究表明:在存在供应中断的情况下,即使发生中断的概率较低,零售商总是倾向于利用备用供应商的优势,最优储备数量随着中断概率的增加而增加。我们进一步考察供应商总是倾向于合作的情景。Li 等(2023)考虑一个由两供应商和两制造商组成的供应链,研究了供应中断和竞争情形下制造商和供应商的最优采购策略。曾能民等（2023）采用建模分析法研究了近年来运作实践中新出现的一种风险应对策略——与对手合作，并建立了供应链竞合模型，该研究表明补货合作选项的存在会使具有供应风险的上游供应商获得的订货量增加，即两个制造商之间的合作具有向上的溢出效应。张雷等（2023）针对由两个竞争供应商和两个竞争零售商组成的二级供应链，考虑供应商的供应中断之间存在相关性及零售商的响应定价，建立供应商定价、零售商决定采购量、零售商定价的三阶段博弈模型，得到供应商和零售商各自的最优策略。石松和石平（2024）针对市场中存在两种相互竞争的不同防护等级的医疗防护产品，考虑产品供应中断风险和消费者社会学习行为，构建博弈模型研究消费者社会学习行为对消费者需求及零售商运营决策的影响。

二是带有多源采购策略的决策模型。李新军等（2016）在假定顾客需求为销售价格依赖的情况下，研究由两个供应商和一个零售商组成的供应链中突发事件导致供应中断对供应商、零售商及整条供应链的运作性能的影响，研究结果表明：采用补贴或者惩罚无法协调供应链，而收入共享契约能够进行协调；与突发事件相关的因素对供应链的运作性能产生很大的影响，要加以合理地控制和利用。陈崇萍和陈志祥（2019）研究在需求与供应不确定条件下，一个制造商向两个存在产出随机和供应中断可能性的供应商采购零部件时的最优决策问题。蔡志鹏等（2020）在一个制造商和两个供应商组成的二级供应链中研究了制造商作为领导者在双战略供应商采购模式和"一战略、一备用"供应商采购模式下的采购决策，进而以制造商利润最大化为目标基础上探讨了供应中断风险和制造商和供应商合作时间对制造商利润的影响。董霜霜等（2024）研究了供应中断风险下风险中性和损失规避零售商综合运用双源采购和紧急订购策略的多供应商采购问题。

三是带有风险厌恶的决策模型。Sawik（2016）考虑了存在供应链中断风险时的最坏情况服务水平优化问题，即期望最坏情况需求满足率和期望最坏情况订单满足率，针对两种服务水平措施，比较了优化供应链最坏情况性能的风险规避解决方案。Gupta 和 Ivanov（2019）提出了一个博弈论模型，以检查在供应中断的情况下，当两种替代产品在共同市场销售时，风险厌恶的供应商对双重采购决策的影响。葛娜（2013）为研究供应链风险问题，考虑供应中断发生时制造商之间存在转运，零售商存在风险偏好、风险中性和风险厌恶等 3 种风险偏好，结合 VaR 和 CVaR 风险测量理论建立了供应链的决策模型。邢鹏等（2016）考虑风险规避的物流服务集成商与提供商，研究了供应中断条件下的物流服务质量的控制问题，并建立了供应中断下考虑风险规避的的质量-效用模型。向林（2022）为更加合理地分析零售商在供应链体系中的采购行为，以存在损失厌恶心理的零售商为研究对象，探究存在供应中断情形下零售商使用期权契约的采购行为。

上述研究成果充分突出了供应中断对决策机制的影响。为了化解与防范决策机制中的风险性，诸多学者主要从产品的替代性、竞争与合作、多源采购渠道、风险共担、备份供应商等研究视角，给出在供应中断风险下的最优策略。然而，过往的学术研究成果，对供应中断传导机理的刻画，仅限于将随机供应中断的可能性描述为固定的常数或假定为服从既定的分布函数，从而忽略了随机中断过程中的时间维度。在实际问题中，供应中断是由各种风险源所导致的，何时产生中断风险是整个运作过程的核心问题，同时也是个随机化过程。为此，本章拟采用泊松过程刻画供应中断的本质特征，进而在决策者有风险厌恶的情况下推导出新的决策机制。

6.2 模型的构建

6.2.1 模型描述、符号说明和模型假设

供应链运作与管理的过程往往同时受到供需两侧的随机性及其所诱发出来风险厌恶程度的影响。为此，这里不妨假设顾客的需求和供应能力均为随机过程，并且供应能力受到风险流 Z 首次冲击就会产生中断。本章主要在此背景下，研究带有风险厌恶的最优决策过程。为了提出新的决策模型，这里进一步给出模型的假设，技术注释和符号说明。

（1）假设风险流为一泊松流，其中对供给侧的干预强度为 λ，即在 $(0, t)$ 区间内，风险流 Z 发生 k 次干预的概率为

$$P(Z = k) = \frac{(\lambda t)^k}{k!} \tag{6.1}$$

其中，$k = 0, 1, 2, \cdots$。

（2）记需求变量的 X 概率密度和分布函数分别为 $f(x)$ 和 $F(x)$。

（3）设 T 为供应能力 Y 首次受到风险流 Z 冲击的时间，P 为供应商的

单位产能，则供应商在受到风险流干预后的供应能力为
$$Y = PT \qquad (6.2)$$
显然，供应能力 Y 为关于 T 的随机变量函数，这里记其概率密度和分布函数分别为 $g(y)$ 和 $G(y)$。因为风险流 Z 为一泊松过程，并且 T 为供应能力 Y 首次受到风险流 Z 冲击的时间，所以式(6.2)充分体现了随机供应中断的时间维度。因此，利用泊松过程刻画风险流在供给侧中的传导机理，克服了传统模型缺乏时间维度的局限性。

(4) 记 Q，V，C 和 R 分别表示供应商的订购量、单位残值、单位成本和销售价格，其中 $V < C < R$。

6.2.2 供给侧带有风险流的风险厌恶报童模型

因为供应商的订购量、单位残值、单位成本和销售价格分别为 Q，V，C 和 R，且其供应能力为 Y，所以销售商带有缺货成本的利润函数为
$$\pi(Q) = (R - C)\min\{Q, Y\} - (R - V)(\min\{Q, Y\} - X)^+ \qquad (6.3)$$
其中，供应能力 $Y = PT$。

显然，式(6.3)跟以往带有随机产能约束的决策模型具有结构上的一致性，但是由于本章将风险流 Z 的干预纳入供应能力 Y 之中，因此在本质上具有相异之处。

6.2.3 决策模型的最优解

检验新模型是否具有科学性及合理性，关键在于该模型是否存在最优解，以及导出来的最优解是否具有有效性和可行性。为了给出决策模型的最优解，下面先根据式(6.3)导出销售商在供给侧受到风险流干预下的期望利润。

命题 6.1 设 X 为市场的需求变量，Y 为在风险流 Z 干预下供应商的供应能力，则销售商的期望利润为
$$E(\pi(Q)) = (R - C)\int_0^Q y\,dG(y) + [1 - G(Q)][(R - C)Q - (R - V)\cdot$$
$$\int_0^Q (Q - x)\,dF(x)] - (R - V)\int_0^Q \int_0^y (y - x)\,dF(x)\,dG(y) \qquad (6.4)$$
其中，$G(y) = 1 - e^{-\lambda y/P}, y > 0$。

证明： 由式(6.3)可知，在风险流 Z 干预下销售商的利润函数为
$$\pi(Q) = (R-C)\min\{Q,Y\} - (R-V)(\min\{Q,Y\} - X)^+$$
因此，
$$\begin{aligned}
E(\pi(Q)) &= \int_0^{+\infty} \mathrm{d}F(x) \int_0^Q [(R-C)\min\{Q,y\} - (R-V)(\min\{Q,y\} - x)^+] \mathrm{d}G(y) + \\
&\quad \int_0^{+\infty} \mathrm{d}F(x) \int_Q^{+\infty} [(R-C)\min\{Q,y\} - (R-V)(\min\{Q,y\} - x)^+] \mathrm{d}G(y) \\
&= \int_0^{+\infty} \mathrm{d}F(x) \int_0^Q [(R-C)y - (R-V)(y-x)^+] \mathrm{d}G(y) + \\
&\quad \int_0^{+\infty} \mathrm{d}F(x) \int_Q^{+\infty} [(R-C)Q - (R-V)(Q-x)^+] \mathrm{d}G(y) \\
&= \int_0^{+\infty} \mathrm{d}F(x) \int_0^Q (R-C)y \mathrm{d}G(y) - \int_0^{+\infty} \mathrm{d}F(x) \int_0^Q (R-V)(y-x)^+ \mathrm{d}G(y) + \\
&\quad [1-G(Q)] \int_0^{+\infty} [(R-C)Q - (R-V)(Q-x)^+] \mathrm{d}F(x) \\
&= \int_0^Q (R-C)y \mathrm{d}G(y) - \int_0^{+\infty} \mathrm{d}F(x) \int_0^Q (R-V)(y-x)^+ \mathrm{d}G(y) + \\
&\quad [1-G(Q)] \int_0^{+\infty} [(R-C)Q - (R-V)(Q-x)^+] \mathrm{d}F(x) \\
&= (R-C)\int_0^Q y \mathrm{d}G(y) + [1-G(Q)] \Big[(R-C)Q - (R-V) \cdot \\
&\quad \int_0^Q (Q-x) \mathrm{d}F(x) \Big] - (R-V) \int_0^Q \int_0^y (y-x) \mathrm{d}F(x) \mathrm{d}G(y)
\end{aligned}$$

因为 T 为供应能力 Y 首次受到风险流冲击的时间，而风险流 $Z \sim P(\lambda)$，所以 $T \sim \exp(\lambda)$。又因为 $Y = PT$，故 $G(y) = 1 - e^{-\lambda y/P}$。因此，由上述推导过程，可得式(6.4)。 □

在供应链的实际运作问题中，如何识别风险流在期望利润中的传导效应和路径，对决策者而言具有极其重要的意义。本章主要利用泊松过程，将风险流 Z 对供给侧所产生的干预作用映射到式(6.4)的理论框架之中，进而解决了风险流传导到销售商的期望利润中的识别问题，由此突出了风险流与决策机制之间的关联性。

由第 5 章所介绍的条件风险值准则的定义，即式(5.1)，可得在供给侧受到风险流 Z 干预下带有风险厌恶的决策模型，即

$$\max_Q \{CVaR_{\eta(\lambda)}(\pi(Q))\} = \max_Q \{\max_{\varphi \in \mathbf{R}} \{H(Q,\varphi)\}\} \quad (6.5)$$

其中，$H(Q,\varphi) \triangleq \varphi - \frac{1}{\eta(\lambda)} E(\varphi - \pi(Q))^+$，$\eta(\lambda)$ 见定义 5.1，即 $\eta(\lambda) =$

$e^{-\alpha\lambda}, \alpha>0$。

显然，由新模型所导出的式(6.5)有效地将风险流 Z 的干预机理分别映射到利润函数 $\pi(Q)$ 和风险厌恶因子 $\eta(\lambda)$ 之中，进而实现了风险流 Z 的干预机理与决策机制的有机结合，充分体现了供给侧的随机性对决策机制的影响。以下根据式(6.5)，导出决策者的最优订购策略。

命题6.2 设 X 为需求变量，Y 为供应商的供应能力，Q^* 为销售商的最优期望订购量，则在供给侧受到风险流 Z 干预下，Q^* 分别满足以下代数关系式：

$$F(Q^*) = \frac{(R-C)[\eta(\lambda) - G(Q^*)]}{(R-V)[1 - G(Q^*)]} \quad (6.6)$$

其中，$G(y) = 1 - e^{-\lambda y/P}, y>0$。

证明： 由式(5.1)可知，$H(Q,\varphi) = \varphi - \frac{1}{\eta(\lambda)} E(\varphi - \pi(Q))^+$。又因为在供给侧受到干预的条件下利润函数为 $\pi(Q) = (R-C)\min\{Q,Y\} - (R-V)(\min\{Q,Y\} - X)^+$，所以

$$H(Q,\varphi) = \varphi - \frac{1}{\eta(\lambda)} E(\varphi - \pi(Q))^+$$

$$= \varphi - \frac{1}{\eta(\lambda)} \int_0^{+\infty} \int_0^{+\infty} [\varphi - (R-C)\min\{Q,y\} +$$

$$(R-V)(\min\{Q,y\} - x)^+]^+ dF(x) dG(y)$$

$$= \varphi - \frac{1}{\eta(\lambda)} \Big\{ \int_0^{+\infty} \int_0^Q [\varphi - (R-C)y + (R-V)(y-x)^+]^+ dF(x) dG(y) +$$

$$\int_0^{+\infty} \int_Q^{+\infty} [\varphi - (R-C)Q + (R-V)(Q-x)^+]^+ dF(x) dG(y) \Big\}$$

$$= \varphi - \frac{1}{\eta(\lambda)} \Big\{ \int_0^Q \int_0^y [\varphi + (C-V)y + (V-R)x]^+ dF(x) dG(y) +$$

$$\int_0^Q \int_y^{+\infty} [\varphi + (C-R)y]^+ dF(x) dG(y) +$$

$$\int_Q^{+\infty} \int_0^Q [\varphi + (C-V)Q + (V-R)x]^+ dF(x) dG(y) +$$

$$\int_Q^{+\infty} \int_Q^{+\infty} [\varphi + (C-R)Q]^+ dF(x) dG(y) \Big\}$$

根据式(6.6)，故可先确定 $\max_{\varphi \in \mathbf{R}}\{H(Q,\varphi)\}$ 的最优值，再确定决策者的最优订购策略 Q^*。显然，$H(Q,\varphi)$ 关于 φ 为分段函数，因此可根据 φ 的不同区间范围，来讨论 $\max_{\varphi \in \mathbf{R}}\{H(Q,\varphi)\}$ 的最优解。

(1) 当 $\varphi \in (-\infty, (V-C)Q]$ 时,在 $0 \leqslant y \leqslant Q$ 的情形下,有 $\varphi - (V-C)Q \leqslant 0$ 和 $\varphi - (V-C)y \leqslant 0$,故 $H(Q,\varphi) = \varphi$。因此,$\dfrac{\partial H(Q,\varphi)}{\partial \varphi} = 1 > 0$。可见,当 $\varphi \in (-\infty, (V-C)Q]$ 时,$H(Q,\varphi)$ 关于 φ 为单调递增的函数,当 $\varphi \in (-\infty, (V-C)Q)$ 时不存在最优解。

(2) 当 $\varphi \in ((V-C)Q, (R-C)Q]$ 时,若 $x < (\varphi - (V-C)Q)/(R-V)$,则有
$$[\varphi + (C-V)Q + (V-R)x]^+ = \varphi + (C-V)Q + (V-R)x$$
若 $x < (\varphi - (V-C)y)/(R-V)$,在 $0 \leqslant y \leqslant Q$ 的情形下,则有
$$[\varphi + (C-V)y + (V-R)x]^+ = \varphi + (C-V)y + (V-R)x$$
因此,在上述的综合条件下,可得

$$H(Q,\varphi) = \varphi - \frac{1}{\eta(\lambda)} \Big\{ \int_0^Q \int_0^{\frac{\varphi-(V-C)y}{R-V}} [\varphi + (C-V)y + (V-R)x] \mathrm{d}F(x)\mathrm{d}G(y) + $$
$$\int_0^{\frac{\varphi}{R-C}} \int_y^{+\infty} [\varphi + (C-R)y] \mathrm{d}F(x)\mathrm{d}G(y) + $$
$$\int_Q^{+\infty} \int_0^{\frac{\varphi-(V-C)Q}{R-V}} [\varphi + (C-V)Q + (V-R)x] \mathrm{d}F(x)\mathrm{d}G(y) \Big\} \quad \text{(A6.1)}$$

于是,根据式(A6.1)对 $H(Q_n, \varphi)$ 求关于 φ 的偏导数,有

$$\frac{\partial H(Q,\varphi)}{\partial \varphi} = 1 - \frac{1}{\eta(\lambda)} \Big[\int_0^Q \int_0^{\frac{\varphi-(V-C)y}{R-V}} \mathrm{d}F(x)\mathrm{d}G(y) + \int_0^{\frac{\varphi}{R-C}} \int_y^{+\infty} \mathrm{d}F(x)\mathrm{d}G(y) + $$
$$\int_Q^{+\infty} \int_0^{\frac{\varphi-(V-C)Q}{R-V}} \mathrm{d}F(x)\mathrm{d}G(y) \Big] \quad \text{(A6.2)}$$

因此,$\dfrac{\partial H(Q,\varphi)}{\partial \varphi}$ 分别在 $\varphi_1 = (V-C)Q$ 和 $\varphi_2 = (R-C)Q$ 处的取值为

$$\frac{\partial H(Q,\varphi_1)}{\partial \varphi} = 1 > 0$$

$$\frac{\partial H(Q,\varphi_2)}{\partial \varphi} = 1 - \frac{1}{\eta(\lambda)} \Big[\int_0^Q \int_0^{Q+\frac{(V-C)(Q-y)}{R-V}} \mathrm{d}F(x)\mathrm{d}G(y) + \int_0^Q \int_y^{+\infty} \mathrm{d}F(x)\mathrm{d}G(y) + $$
$$\int_Q^{+\infty} \int_0^Q \mathrm{d}F(x)\mathrm{d}G(y) \Big] \quad \text{(A6.3)}$$

故当 $\varphi \in ((V-C)Q, (R-C)Q]$ 时,若(A6.3)式小于或等于0时,则存在极值点 $\varphi^*(Q) > (V-C)Q$,使得 $\dfrac{\partial H(Q, \varphi^*(Q))}{\partial \varphi} = 0$。

第6章 随机需求下供给侧带有泊松流的风险厌恶报童模型

(3) 当 $\varphi \in ((R-C)Q, +\infty)$ 时，有

$$H(Q,\varphi) = \varphi - \frac{1}{\eta(\lambda)} \Big[\int_0^Q \int_0^y [\varphi + (C-V)y + (V-R)x] \mathrm{d}F(x)\mathrm{d}G(y) +$$

$$\int_0^Q \int_y^{+\infty} [\varphi + (C-R)y] \mathrm{d}F(x)\mathrm{d}G(y) +$$

$$\int_Q^{+\infty} \int_0^Q [\varphi + (C-V)Q + (V-R)x] \mathrm{d}F(x)\mathrm{d}G(y) +$$

$$\int_Q^{+\infty} \int_Q^{+\infty} [\varphi + (C-V)Q] \mathrm{d}F(x)\mathrm{d}G(y) \Big]$$

因此，在此条件下对其求关于 φ 的偏导数，得 $\dfrac{\partial H(Q,\varphi)}{\partial \varphi} = 1 - \dfrac{1}{\eta(\lambda)} \leq 0$。

于是，根据（1）至（3）所讨论的结果，易得知，如果 $\varphi^*(Q)$ 为函数 $H(Q,\varphi)$ 的极值点，那么有 $\varphi^*(Q) \in ((V-C)Q, (R-C)Q]$，并且满足

$$H(Q,\varphi^*(Q)) = \varphi^*(Q) - \frac{1}{\eta(\lambda)} \Big\{ \int_0^Q \int_0^{\frac{\varphi^*(Q)-(V-C)y}{R-V}} [\varphi^*(Q) + (C-V)y + (V-R)x] \cdot$$

$$\mathrm{d}F(x)\mathrm{d}G(y) + \int_0^{\frac{\varphi^*(Q)}{R-C}} \int_y^{+\infty} [\varphi^*(Q) + (C-R)y] \mathrm{d}F(x)\mathrm{d}G(y) +$$

$$\int_Q^{+\infty} \int_0^{\frac{\varphi^*(Q)-(V-C)Q}{R-V}} [\varphi^*(Q) + (C-V)Q + (V-R)x] \mathrm{d}F(x)\mathrm{d}G(y) \Big\}$$

(A6.4)

因此，对式(A6.4)求关于 Q 的偏导数，可得

$$\frac{\partial H(Q,\varphi^*(Q))}{\partial Q} = \varphi^{*\prime}(Q) \Big\{ 1 - \frac{1}{\eta(\lambda)} \Big[\int_0^Q \int_0^{\frac{\varphi^*(Q)-(V-C)y}{R-V}} \mathrm{d}F(x)\mathrm{d}G(y) +$$

$$\int_0^{\frac{\varphi^*(Q)}{R-C}} \int_y^{+\infty} \mathrm{d}F(x)\mathrm{d}G(y) + \int_Q^{+\infty} \int_0^{\frac{\varphi^*(Q)-(V-C)Q}{(R-V)}} \mathrm{d}F(x)\mathrm{d}G(y) \Big] \Big\} -$$

$$\frac{(C-V)}{\eta(\lambda)} \int_Q^{+\infty} \int_0^{\frac{\varphi^*(Q)-(V-C)Q}{R-V}} \mathrm{d}F(x)\mathrm{d}G(y) \quad (A6.5)$$

假设式(A6.2)等于零，则式(A6.5)具有如下形式：

$$\frac{\partial H(Q,\varphi^*(Q))}{\partial Q} = -\frac{(C-V)}{\eta(\lambda)} \int_Q^{+\infty} \int_0^{\frac{\varphi^*(Q)-(V-C)Q}{R-V}} \mathrm{d}F(x)\mathrm{d}G(y) \quad (A6.6)$$

现在令

$$\frac{\partial H(Q,\varphi^*(Q))}{\partial Q} = -\frac{(C-V)}{\eta(\lambda)} \int_Q^{+\infty} \int_0^{\frac{\varphi^*(Q)-(V-C)Q}{R-V}} \mathrm{d}F(x)\mathrm{d}G(y) = 0$$

解得 $\varphi^*(Q) = (V-C)Q$,将 $\varphi^*(Q)$ 代入式(A6.5),得 $\frac{\partial H(Q,\varphi^*(Q))}{\partial Q} = V - C < 0$。这意味着最优条件订购量 Q^* 满足式(A6.3)大于 0,因此可得 $\varphi^*(Q) = (R-C)Q$,并将之代入式(A6.1),得

$$H(Q,\varphi^*(Q)) = (R-C)Q - \frac{1}{\eta(\lambda)}\left\{\int_0^Q\int_0^y [(R-C)Q - (V-C)y + (V-R)\cdot x]\mathrm{d}F(x)\mathrm{d}G(y) + \int_0^Q\int_0^{+\infty}[(R-C)Q + (C-R)y]\mathrm{d}F(x)\mathrm{d}G(y) + \int_0^{+\infty}\int_0^Q (R-V)(Q-x)\mathrm{d}F(x)\mathrm{d}G(y)\right\} \quad (A6.7)$$

对式(A6.7)求关于 Q 的偏导数,得

$$\frac{\partial H(Q,\varphi^*(Q))}{\partial Q} = F(Q)(R-V)[1-G(Q)] - (R-C)[\eta(\lambda) - G(Q)]$$

令 $\frac{\partial H(Q,\varphi^*(Q))}{\partial Q} = 0$,因此,在风险流的干预下,若 Q^* 为决策者的最优订购策略,则满足如下的等式:

$$F(Q^*) = \frac{(R-C)[\eta(\lambda) - G(Q^*)]}{(R-V)[1-G(Q^*)]} \quad (A6.8)$$

因为 T 为风险流 Z 对供给侧发起首次干预的时间,且由式(6.2)可知 $Z \sim P(\lambda)$,所以 T 服从参数为 λ 的指数分布,即

$$T \sim F_T(t) = \begin{cases} 1 - e^{-\lambda t}, t \geq 0, \\ 0, t < 0 \end{cases} \quad (A6.9)$$

又根据式(6.2),可知供应商的供应能力 $Y = PT$,所以可得随机变量 Y 的分布函数,即

$$G(y) = \begin{cases} 1 - e^{-\lambda y/P}, y \geq 0, \\ 0, y < 0 \end{cases} \quad \square$$

由命题 6.2 中的结论可知,决策者的最优订购策略与风险流 Z 所携带的干预强度参数 λ 具有密切的关联性。因此,决策者应充分利用干预强度参数 λ 的变化趋势来识别决策机制的内在演变规律,进而提升供应链的运作与管理水平。

第6章 随机需求下供给侧带有泊松流的风险厌恶报童模型

6.3 数值算例分析

根据前面各章节的论述，综合考虑伽马分布所具有的优点，也就是可以通过形状参数的设定来逼近正态分布的特征。同样，这里不妨假设市场需求 X 服从伽马分布 $G(\beta,\xi)$，即

$$f(x) = \xi^{\beta} x^{\beta-1} e^{-\xi x}/\Gamma(\beta), x \geq 0 \qquad (6.7)$$

其中，$\Gamma(\beta) = \int_{0}^{+\infty} x^{\beta-1} e^{-x} dx$，$\beta$ 为形状参数，ξ 为尺度参数。为了更加体现随机需求变量的实际性，这里不妨假设形状参数 $\beta=3$。

6.3.1 不同权数下模型的可行性和有效性检验

在随机需求变量密度函数中的形状和尺度、价格和成本参数、干预强度 λ 等参数给定的情况下，对决策机制产生干预作用的，仅有决策者所持有的风险厌恶程度，而风险厌恶程度的高低主要源于权数 α 的取值大小。实际上，由 $\eta(\lambda) = e^{-\alpha\lambda}(\alpha>0)$ 可知，当权数 α 增大时，决策者的风险厌恶程度就越高。下边以权数 α 的变化趋势来揭示决策机制的演变进程，具体的数值结果详见表6.1。

表6.1 不同权数下模型的最优解

模型参数	需求变量密度函数的参数：$\beta=3$，$\xi=0.009$；风险流 Z 的强度参数：$\lambda=0.30$；单位产能：$P=400$；价格和成本参数：$R=380$，$C=280$，$V=40$						
权数 α	0.5	1.6	2.6	3.6	4.6	5.6	6.6
风险厌恶因子 $\eta(\lambda)$	0.861	0.638	0.472	0.350	0.259	0.192	0.142
最优订购量 Q^*	190.60	158.99	134.33	114.38	97.81	83.80	71.76
期望利润 $E(\pi(Q^*))$	13122.0	12327.1	11227.0	10050.2	8896.2	7810.2	6806.6

在风险流 Z 的干预强度 λ 给定的情形下，权数 α 的不同取值体现了决策者对风险流所持有的敏感程度。由表6.1中的数值模拟结果可知，当权数

α 的取值不断上升时,风险厌恶因子 $\eta(\lambda)$、最优订购量 Q^* 和期望利润 $E(\pi(Q^*))$ 均具有下降的趋势。因此,权数 α 分别与风险厌恶因子 $\eta(\lambda)$、最优订购量 Q^* 和期望利润 $E(\pi(Q^*))$ 之间具有反向的关联性。由此表明:对风险源持有高度敏感的决策者,其在决策过程中凸显保守型的行为属性,并且获取的期望利润也相对较低。显然,由新模型导出的数值模拟与仿真的结果,符合运作与管理的经验研判,由此进一步证实了新模型在理论上具有良好的可行性和有效性。

6.3.2 尺度参数 ξ 与决策机制之间的关联性

在假设形状参数 $\beta=3$ 情况下,诱发需求侧产生随机波动性的因素,主要源自随机需求变量密度函数中的尺度参数 ξ。因此,为了揭示尺度参数 ξ 与决策机制之间的关联性,本小节通过尺度参数 ξ 的取值演变过程,考察决策机制的内在运作机理。于是,结合式(6.4)和式(6.6),得到的数值模拟结果详见表6.2。

表6.2 需求侧的随机性对最优订购量和期望利润的影响

模型参数	密度函数的形状参数:$\beta=3$;权数参数:$\alpha=2$;风险流 Z 的强度参数:$\lambda=0.30$;单位产能:$P=400$;价格和成本参数:$R=380$,$C=280$,$V=40$						
尺度参数 ξ	0.001	0.003	0.005	0.007	0.009	0.011	0.013
最优订购量 Q^*	814.91	392.91	252.02	184.95	145.97	120.52	102.62
期望利润 $E(\pi(Q^*))$	58553.0	30347.2	19969.0	14838.1	11797.3	9787.4	8616.8

由表6.2中的数值结果可知,随机需求变量中的尺度参数 ξ 的干预效应传导到决策机制具有负向作用的本质属性,由此意味着最优订购量 Q^* 和期望利润 $E(\pi(Q^*))$ 随着尺度参数 ξ 增大而变小。事实上,易从模型的理论上解释这种现象。因为需求 X 服从伽马分布 $G(\beta,\xi)$,所以 $E(X)=\beta/\xi$。可见,当形状参数 $\beta=3$ 时,预期市场的规模 $E(X)$ 随着尺度参数 ξ 变大而收缩。因此,尺度参数 ξ 的变化趋势具有重要的预警作用,即当 ξ 增大时,决策者应降低订购量,以应对因市场规模收缩所带来的积货风险。

6.3.3　干预强度参数 λ 与决策机制之间的关联性

参数 λ 的取值大小,确定了风险流 Z 在单位时间内对供给侧所产生的干预强度。为了揭示供给侧中风险流的干预强度与决策机制之间的关联性,这里不妨假设决策者对风险流 Z 所持有的权数 $\alpha=2$。同样,结合式(6.4)至式(6.6),可得出干预强度参数 λ 与决策机制之间的关联性,详见表6.3。

表6.3　风险流的干预强度参数 λ 对决策机制的影响

模型参数	需求变量密度函数的形状参数和尺度参数:$\beta=3$,$\xi=0.009$;权数参数:$\alpha=2$;单位产能:$P=400$;价格和成本参数:$R=380$,$C=280$,$V=40$						
强度参数 λ	0.25	0.35	0.45	0.55	0.65	0.75	0.85
风险厌恶因子 $\eta(\lambda)$	0.607	0.497	0.407	0.333	0.273	0.223	0.183
最优订购量 Q^*	155.58	136.74	119.38	103.36	88.58	74.97	62.51
期望利润 $E(\pi(Q^*))$	12303.2	11265.0	10156.1	9020.5	7893.3	6797.2	5751.6

根据决策模型的假设可知,风险流 Z 对供应能力发生首次冲击就会诱发中断风险。因此,利用干预强度参数 λ 考察风险厌恶因子 $\eta(\lambda)$、最优订购量 Q^* 和期望利润 $E(\pi(Q^*))$ 具有重要的实际意义。由表6.3中的数值模拟与仿真结果,不难得出以下重要的结论及其管理启示:

一是风险厌恶因子 $\eta(\lambda)$ 关于干预强度参数 λ 为单调递减的函数。由此,表明决策者在制定订购策略的过程中,随着干预强度参数 λ 的增大,其所持的风险厌恶程度就会上升。可见,决策者在不确定的决策环境中,其风险偏好性对风险流的干预程度极其敏感。

二是风险流 Z 的强度参数 λ 对最优订购量 Q^* 和期望利润 $E(\pi(Q^*))$ 具有负向的干预作用。在供应链的实际问题中,若按对立分类法对决策机制产生干预作用的因素归类,则可以将其分为两大类:一类是具有积极促进作用的因素,另一类是具有消极式微效应的因素。基于两类因素而形成的供应链运作与管理的思想理念,有助于完备化决策机制体制的理论与方法。显然,通过风险流 Z 的强度参数 λ 与最优订购量 Q^* 和期望利润 $E(\pi(Q^*))$ 之间的关联性,可鉴定风险流 Z 的强度参数 λ 为具有消极式微效应的因素。因此,对于决策机制中的此类因素，决策者应加以防范与化解，由此规避其所带来的风险性。

三是对决策者所持有的风险厌恶程度具有助推效应的因素，对决策机制则具有反推后果。通过强度参数 λ 与风险厌恶因子 $\eta(\lambda)$ 之间的关联性所导出的决策机制的演变规律，证实了这一观点。事实上，因为当强度参数 λ 增大时，决策者所持有的风险厌恶程度随之升高，所以强度参数 λ 对决策者所持有的风险厌恶程度具有助推效应。然而，当风险厌恶程度升高时，最优订购量 Q^* 和期望利润 $E(\pi(Q^*))$ 凸显下降趋势，故强度参数 λ 对决策机制则具有反推后果。因此，基于这个结论，决策者可以直接通过决策环境中的随机性因素与风险厌恶因子之间的关联性，鉴别出对决策机制起反向作用的因子。

6.4 本章小结

在复杂非线性随机系统的控制与优化过程中，如何将风险流的统计规律性纳入决策模型的理论框架，并揭示风险流在决策机制中的干预机理，进而形成一套有效地识别风险流的扩散与传导路径的理论工具，对促进供应链的运作与管理具有至关重要的实际与理论意义。为此，本章基于泊松过程理论刻画风险流在供给侧中的干预机理，进而将该干预机理深度融合到报童模型的理论框架，构建了随机需求下供给侧带有泊松流的风险厌恶报童模型，并经过理论推导得出模型的最优解。由新模型的相关理论及其数值模拟结果，可以得出以下重要结论和管理启示：

一是权数 α 分别与风险厌恶因子 $\eta(\lambda)$、最优订购量 Q^* 和期望利润 $E(\pi(Q^*))$ 之间具有反向的关联性。因此，当决策者对风险流 Z 的敏感度上升时，风险厌恶因子、最优订购量和期望利润就会呈现式微效应。

二是尺度参数 ξ 对需求侧所产生的干预效应传导到决策机制具有负向的作用，由此表明当尺度参数 ξ 增大时，最优订购量 Q^* 和期望利润 $E(\pi(Q^*))$ 就呈现出下滑的趋势。由模型的理论设计得知，市场规模的大小与尺度参数 ξ 有关，若 ξ 凸显下降的趋势，则市场规模产生扩大的迹象。因此，决策者通过密切关注尺度参数 ξ 的变化趋势，可以判定市场需求的走势，进而制定相应的决策准则，以实现运作与管理的绩效目标。

三是决策机制中的风险厌恶因子 $\eta(\lambda)$、最优订购量 Q^* 和期望利润

$E(\pi(Q^*))$ 等三个要素受到强度参数 λ 负向的干预作用。在随机决策环境下,如何揭示决策机制的内在演变规律,是供应链的运作与管理的核心问题。由本章中模型的理论及其数值模拟与仿真结果,得知风险厌恶因子 $\eta(\lambda)$、最优订购量 Q^* 和期望利润 $E(\pi(Q^*))$ 关于强度参数 λ 均为单调递减的函数,这表明决策机制的内在演变规律主要由强度参数 λ 的变化趋势所确定。因此,以风险流 Z 的强度参数 λ 为基准导向,建立供应链的风险识别与预警机制,有助于提升决策者的风控水平。

第 7 章　不完备质量下报童问题的订购与定价联合决策

7.1　引　　言

单周期报童模型作为随机库存管理的一个经典模型受到了广泛的关注，国内外许多学者从不同的决策环境与决策理念对报童模型进行拓展性研究，如多周期报童模型、多产品报童问题、供需侧随机报童模型、供给侧带有约束的报童模型及供应链协调问题等，但这些研究中大部分成果通常基于产品质量合格的假设。事实上，商业活动的全球化、供应链网络的复杂化及产品生产过程受到随机性因素的干扰等，可能加剧企业对产品质量控制的难度。企业一旦出现产品质量问题，不仅会对产品销售产生巨大的影响，也会严重降低企业的声誉。据国家市场监督管理总局发布的 2024 年 2 月汽车召回月度汇总所示，因车辆燃油泵的叶轮变形、排气歧管异常震动等，2024 年 2 月共有 11 家汽车生产企业向国家市场监督管理总局备案召回计划，宣布召回共计 46.98 万辆汽车。可见，产品质量的不完备性是供应链运作与管理中不可忽视的重要因素。

目前，基于产品质量不完备性的库存系统决策机制的优化问题，不少学者做了深入的拓展性研究。Jaber 等（2014）在假设次品可进行返修或替换的情况下，构建了考虑缺货影响的 EOQ 模型，并采用动态规划方法求解最优策略。Jaggi 等（2015）考虑将易变质产品的缺陷率依赖时间因素作为决策理念，建立了不完备质量下的两货栈库存模型。Taleizadeh 等（2020）在不允许库存短缺和允许库存短缺且全额缺货的环境中，将供应商提供的混合支付策略纳入经典的报童问题，构建了一个基于正品和次品混合销售的库存优化模型。康旺霖等（2017）针对产品存在缺陷和延迟支付的情形，构建不同风险偏好特征下的占线报童订货模型，进而给出了不同情形下的占线订货策略。陈杰等（2017）在产品质量波动和融资能力约束的条件下，构建了基于 CVaR 准则的多产品联合采购系统的库存优化与控制模型，并分析质量水平的随机波动性、风险厌恶因子和融资能力等因素对模型最优解的影响。万鹏等（2020）考虑具有随机缺陷率产品的多点库存管理问题，构建了带有服务水平约束的供应链系统的库存优化决策模型，同时采用改进自适应遗传算法对模型进行求解，并进一步分析了服务水平约束和随机缺陷率等参数对库存优化策略的影响。曹裕等（2019）研究由一个供应商和一个零售商组成的供应链，构建不完备质量与检查错误下的报童模型，并比较分析了不同质检方式及组合策略对零售商订购决策与质量控制效率的影响。范建昌等（2023）考虑产品质量缺陷对消费者造成效用损失与零售商承担产品责任的两级供应链，构建了基于零售商决策和纳什讨价还价决策的供应链动态博弈模型，并考察了不同质量成本分担合同对供应链均衡结果差异的影响机理。张永芬和魏航（2021）将产品质量作为内生变量，建立了无延保模型、制造商提供延保模型和零售商提供延保的 Stackelberg 博弈模型，研究结果表明，供应链提供延保时产品质量和产品需求较无延保时高。上述文献均在产品质量的不完备条件下，从缺货、支付策略、多产品、质检与供应链协调等视角对库存决策问题进行拓展性研究，相关成果丰富了库存系统的决策理论和方法。

针对库存系统的定价与订货联合决策问题，已有一些学者对此进行了研究。戴道明等（2009）考虑了需求是关于价格的函数与订货能力有限的情形，构建了订货商对变质性产品的定价和订货联合决策模型。慕银平（2011）研究了基于单向替代的多周期两产品订货和定价联合决策问题，探讨了多周期两产品的最优订货量和价格的存在条件，并分析了信息对订货与定价联合决策的影响程度。孙彩虹（2014）在报童仅获知不确定需求的部分数字特征的假设下，构建了 Worstcase 型的鲁棒联合定价与订货模型，并在一定条件下给出了联合决策的闭环最优解。吴胜等（2016）分析了消费者时间偏好对产品市场需求的影响，利用产品市场需求关于零售价格的弹性指数，建立了 3 种渠道权力结构下的定价与订货模型。曹兵兵等（2016）分析零售商失望规避与欣喜寻求行为，构建了考虑零售商失望－欣喜效用的定价与订货联合决策模型，得到了基于期望效用最大化的最优零售价格与最优订货量。樊双蛟和王旭坪（2018）以销售利润最大化为目标，构建了3种销售期下的退货再次销售的单周期库存模型，进一步分析需求服从均匀分布的随机型问题最优解的存在条件及其求解方法。

综上所述，在产品质量不完备的情形下，当前联合考虑随机需求价格敏感、产品质量随机波动及其统计结构对决策机理影响的研究还较少。为此，本章在产品消费需求随机且依赖于产品质量与售价的假设下，将产品质量周期波动视为一随机过程，建立一个动态的订货与定价联合决策模型，并对其最优策略进行数值分析。

7.2 模型的构建

7.2.1 模型描述和符号说明

在社会经济高质量发展的新时代，人们对高品质生活的向往更加强烈，从而对衣食住行所需物品的质量精益求精，这蕴含着产品质量水平与产品消费需求具有更强的正相关性。为此，在市场需求依赖于零售价格与产品质量水平的环境下，考虑多周期单一产品的订购与定价联合决策问题。由于生产、经营活动中存在诸多随机因素，其多重波动引起产品质量水平的涟漪效应，故可将质量水平的内在运动规律视为一个随机过程，并假设该过程满足马尔可夫性，这里称之为马氏质量过程。在此过程中，产品消费需求不仅随产品质量波动而发生变化，还受到零售价格的影响。因此，在报童问题的订购与定价联合决策中，考虑产品消费需求是关于产品质量水平的单调函数，亦是关于零售价格的单调递减函数，而且受到随机因子的影响。接下来，本章在模型假设的基础上，研究以下问题：如何构建基于不完备质量的零售商订购与定价联合决策模型；如何确定最优期望订购量、最优期望零售价格和总期望利润，以及分析产品质量涟漪效应对零售商最优策略的影响。

下面给出模型的符号说明：随机库存系统的周期 $k=1,2,\cdots,N$；产品质量水平的状态集 $S=\{1,2,\cdots,M\}$，其中状态 i 的取值越大，相应的产品质量水平越低；记 $\{Y_k, k\geq 0\}$ 为产品的马氏质量过程，其状态转移概率矩阵为 $\bm{P}=(p_{ij})_{S\times S}$，$k$ 步状态转移概率矩阵为 $\bm{P}_k=(p_{ij}(k))_{S\times S}$；当产品质量水平由状态 i 转移到状态 j 时，第 k 周期的产品消费需求为 $X_k(j|i)=ag(j)-b\cdot r_k(j|i)+\varepsilon$，其中 $r_k(j|i)$ 为产品的零售价格，$g(j)$ 为单调递减的产品质量敏感函数，$a>0, b>0$，需求调节因子 ε 是区间 $[A,+\infty)$ 上的随机变量，其概率密度函数与累积分布函数分别为 $f_\varepsilon(x)$ 和 $F_\varepsilon(x)$；第 k 周期产品的订购

成本和残值分别为 c_k 和 v_k。

7.2.2 不完备质量下的报童决策模型

因为产品质量水平的不确定性对库存系统的需求侧具有冲击涟漪效应，所以产品质量的不完备性对零售商的订购与定价联合决策具有重要的影响。因此，当质量水平由初始状态出发历经 k 个周期后到达 j 时，零售商的销售利润为

$$\pi_k(r_k(j|i), Q_k(j|i)) = (r_k(j|i) - c_k)Q_k(j|i) - (r_k(j|i) - v_k) \cdot (Q_k(j|i) - X_k(j|i))^+ \tag{7.1}$$

其中，$Q_k(j|i)$ 表示当产品质量状态由 i 经过 k 周期后转移到 j 时零售商的订购量。此时，在产品消费需求为 $X_k(j|i) = ag(j) - br_k(j|i) + \varepsilon$ 下，零售商的条件期望利润为

$$E(\pi_k(r_k(j|i), Q_k(j|i))) = (r_k(j|i) - c_k)Q_k(j|i) - (r_k(j|i) - v_k) \cdot$$
$$\int_A^{Q_k(j|i) - ag(j) + br_k(j|i)} [Q_k(j|i) - ag(j) + br_k(j|i) - x] f_\varepsilon(x) dx \tag{7.2}$$

因为库存系统中产品质量水平对系统的需求侧施加着重要的影响，所以有必要权衡产品的各种质量水平下，库存系统在未来多周期内所获得的期望利润。于是当产品质量水平的初始状态为 i 时，零售商在第 k 周期所获得的总期望利润为

$$\max E(\pi_k(i)) = \max \sum_{j \in S} p_{ij}(k) E(\pi_k(r_k(j|i), Q_k(j|i))) \tag{7.3}$$

为了求解分析方便，令 $Z_k(j|i) = Q_k(j|i) - ag(j) + br_k(j|i)$，将其带入式 (7.2)，可得

$$E(\pi_k(r_k(j|i), Z_k(j|i))) = (r_k(j|i) - c_k)(Z_k(j|i) + ag(j) - br_k(j|i)) -$$
$$(r_k(j|i) - v_k) \int_A^{Z_k(j|i)} (Z_k(j|i) - x) f_\varepsilon(x) dx \tag{7.4}$$

这时，零售商在第 k 周期所获得的总期望利润模型亦为

$$\max E(\pi_k(i)) = \max \sum_{j \in S} p_{ij}(k) E(\pi_k(r_k(j|i), Z_k(j|i))) \tag{7.5}$$

式 (7.3) 将产品消费需求依赖于随机质量过程纳入经典报童模型的基础理论框架中，体现了产品质量的涟漪效应对库存系统决策机制的影响，并可运用随机过程的理论与方法刻画库存系统决策机制的演变特征。

7.2.3 最优期望订购与定价策略

记库存系统在第 k 周期的订购向量为 $\mathbf{Q}_k(i) = (Q_k(1|i), Q_k(2|i), \cdots, Q_k(M|i))$，零售价格向量为 $\mathbf{r}_k(i) = (r_k(1|i), r_k(2|i), \cdots, r_k(M|i))$，记 $\mathbf{Z}_k(i) = (Z_k(1|i), Z_k(2|i), \cdots, Z_k(M|i))$。为了探讨模型的最优解，下面求目标函数 $E(\pi_k(i))$ 的各阶偏导数。

目标函数 $E(\pi_k(i))$ 关于 $Z_k(1|i)$ 和 $r_k(1|i)$ 的一阶偏导数分别为

$$\frac{\partial E(\pi_k(i))}{\partial Z_k(j|i)} = p_{ij}(k) \frac{\partial E(\pi_k(r_k(j|i), Z_k(j|i)))}{\partial Z_k(j|i)}$$
$$= p_{ij}(k)[(r_k(j|i) - c_k) - (r_k(j|i) - v_k)F_\varepsilon(Z_k(j|i))]$$

$$\frac{\partial E(\pi_k(i))}{\partial r_k(j|i)} = p_{ij}(k) \frac{\partial E(\pi_k(r_k(j|i), Z_k(j|i)))}{\partial r_k(j|i)}$$
$$= p_{ij}(k)\{Z_k(j|i)[1 - F_\varepsilon(Z_k(j|i)) + ag(j) - 2br_k(j|i) + bc_k + \int_A^{Z_k(j|i)} x f_\varepsilon(x) \mathrm{d}x\}$$

于是，目标函数 $E(\pi_k(i))$ 关于 $Z_k(j|i)$ 和 $r_k(j|i)$ 的二阶偏导数为

$$\frac{\partial^2 E(\pi_k(i))}{\partial Z_k(j|i) \partial Z_k(l|i)} = p_{ij}(k) \frac{\partial^2 E(\pi_k(r_k(j|i), Z_k(j|i)))}{\partial Z_k(j|i) \partial Z_k(l|i)}$$
$$= \begin{cases} -p_{ij}(k)[r_k(j|i) - v_k]f_\varepsilon(Z_k(j|i)) & j = l, \\ 0, & j \neq l \end{cases} \quad (7.6)$$

$$\frac{\partial^2 E(\pi_k(i))}{\partial Z_k(j|i) \partial r_k(l|i)} = p_{ij}(k) \frac{\partial^2 E(\pi_k(r_k(j|i), Z_k(j|i)))}{\partial Z_k(j|i) \partial r_k(j|i)}$$
$$= \begin{cases} p_{ij}(k)[1 - F_\varepsilon(Z_k(j|i))] & j = l, \\ 0, & j \neq 0 \end{cases} \quad (7.7)$$

$$\frac{\partial^2 E(\pi_k(i))}{\partial r_k(j|i) \partial r_k(l|i)} = p_{ij}(k) \frac{\partial^2 E(\pi_k(r_k(j|i), Z_k(j|i)))}{\partial r_k(j|i) \partial r_k(l|i)}$$
$$= \begin{cases} -2p_{ij}(k)b & j = l, \\ 0, & j \neq 0 \end{cases} \quad (7.8)$$

记 $\mathbf{Z}_k^*(i) = (Z_k^*(1|i), Z_k^*(2|i), \cdots, Z_k^*(M|i))$，$\mathbf{r}_k^*(i) = (r_k^*(1|i), r_k^*(2|i), \cdots, r_k^*(M|i))$。下面给出产品质量水平随机波动下的最优期望订购、定价策略。

命题 7.1 设 $\{Y_k, k \geq 0\}$ 为产品的马氏质量过程，其 k 步状态转移概率

矩阵为 $\boldsymbol{P}_k = (p_{ij}(k))_{S \times S}$，且 $(\boldsymbol{Z}_k^*(i), \boldsymbol{r}_k^*(i))$ 是目标函数 $E(\pi_k(i))$ 的驻点。若对于任意 $j \in S$，有 $p_{ij}^2(k)\{2b[r_k(j|i) - v_k]f_\varepsilon(Z_k(j|i) - [1 - F_\varepsilon(Z_k(j|i))]^2\} > 0$，则 $(\boldsymbol{Z}_k^*(i), \boldsymbol{r}_k^*(i))$ 是式（7.5）的唯一最优解，相应的库存系统在第 k 周期的最优期望订购量与最优期望零售价格分别为

$$\overline{Q}_k^*(i) = \sum_{j \in S} p_{ij}(k) Q_k^*(j|i) \tag{7.9}$$

$$\overline{r}_k^*(i) = \sum_{j \in S} p_{ij}(k) r_k^*(j|i) \tag{7.10}$$

其中，$Q_k^*(j|i) = Z_k^*(j|i) + ag(j) - br_k^*(j|i)$，$Z_k^*(j|i)$ 和 $r_k^*(j|i)$ 分别满足如下关系式：

$$F_\varepsilon(Z_k^*(j|i)) = [r_k^*(j|i) - c_k]/[r_k^*(j|i) - v_k]$$

$$Z_k^*(j|i)[1 - F_\varepsilon(Z_k^*(j|i))] + \int_A^{Z_k^*(j|i)} x f_\varepsilon(x) \mathrm{d}x = 2br_k^*(j|i) - ag(j) - bc_k$$

证明：目标函数 $E(\pi_k(i))$ 的黑塞矩阵为

$$\boldsymbol{H}_k(i) = \begin{pmatrix} \boldsymbol{H}_k(1|i) & & & \\ & \boldsymbol{H}_k(2|i) & & \\ & & \ddots & \\ & & & \boldsymbol{H}_k(M|i) \end{pmatrix}$$

其中，$\boldsymbol{H}_k(j|i) = \begin{pmatrix} \dfrac{\partial^2 E(\pi_k(i))}{\partial Z_k^2(j|i)} & \dfrac{\partial^2 E(\pi_k(i))}{\partial Z_k(j|i) \partial r_k(j|i)} \\ \dfrac{\partial^2 E(\pi_k(i))}{\partial Z_k(j|i) \partial r_k(j|i)} & \dfrac{\partial^2 E(\pi_k(i))}{\partial r_k^2(j|i)} \end{pmatrix}$。根据式

(7.6)、式(7.7) 和式(7.8)，得黑塞矩阵 $\boldsymbol{H}_k(j|i)$ 的行列式为

$$|\boldsymbol{H}_k(j|i)| = p_{ij}^2(k)\{2b[r_k(j|i) - v_k]f_\varepsilon(Z_k(j|i) - [1 - F_\varepsilon(Z_k(j|i))]^2\}$$

从而有 $|\boldsymbol{H}_k(j|i)| > 0$。下面证明 $\boldsymbol{H}_k(i)$ 是负定矩阵。事实上，$\boldsymbol{H}_k(i)$ 的 n 阶顺序主子式为

$$A_n = \begin{cases} |\boldsymbol{H}_k(1|i)| \cdot |\boldsymbol{H}_k(2|i)| \cdot \cdots \cdot |\boldsymbol{H}_k(m-1|i)| \dfrac{\partial^2 E(\pi_k(i))}{\partial r_k^2(m|i)} < 0, n = 2m - 1, \\ |\boldsymbol{H}_k(1|i)| \cdot |\boldsymbol{H}_k(2|i)| \cdot \cdots \cdot |\boldsymbol{H}_k(m|i)| > 0, n = 2m \end{cases}$$

即 $\boldsymbol{H}_k(i)$ 的一切奇数阶顺序主子式都小于 0，一切偶数阶顺序主子式都大于 0。因此，$\boldsymbol{H}_k(i)$ 是负定矩阵。由于 $(\boldsymbol{Z}_k^*(i), \boldsymbol{r}_k^*(i))$ 是目标函数 $E(\pi_k(i))$ 的驻点，因此式(7.5) 的唯一最优解为 $(\boldsymbol{Z}_k^*(i), \boldsymbol{r}_k^*(i))$。进而由 $Z_k(j|i) =$

$Q_k(j|i) - ag(j) + br_k(j|i)$ 可得 $Q_k^*(j|i) = Z_k^*(j|i) + ag(j) - br_k^*(j|i)$。

因为产品质量水平波动过程 $\{Y_k, k \geq 0\}$ 满足马尔可夫性，所以库存系统在第 k 周期的最优期望订购量与最优期望零售价格分别为

$$\overline{Q}_k^*(i) = \sum_{i \in S} p_{ij}(k) Q_k^*(j|i)$$

$$\overline{r}_k^*(i) = \sum_{i \in S} p_{ij}(k) r_k^*(j|i) \qquad \square$$

在不完备质量环境下，库存系统中产品质量水平的波动是一随机过程，如何揭示该随机过程对决策机制所产生的影响？命题 7.1 在一定的程度上回答了该问题，其结论表明，库存系统的最优期望订购量与最优期望零售价格不仅受到产品质量状态这一维度的影响，还受到产品质量水平波动的时间维度的影响。于是，决策者可根据产品质量水平的历史数据，挖掘产品质量水平波动的统计属性及其演变机理，从中预估库存系统运行的绩效。

7.3 数值算例分析

下面通过具体的算例给出不完备质量下的最优期望订购量与最优期望零售价格，进而分析产品质量水平等影响因素对最优期望订购量、最优期望零售价格和总期望利润的影响。为了便于模型的数值分析，这里假设产品质量波动过程 $\{Y_k, k \geq 0\}$ 的状态集为 $S = \{1, 2, 3\}$，其状态转移概率矩阵为

$$\boldsymbol{P} = (p_{ij})_{S \times S} = \begin{pmatrix} 0.35 & 0.60 & 0.05 \\ 0.05 & 0.45 & 0.50 \\ 0.00 & 1.00 & 0.00 \end{pmatrix}$$

同时，假设产品质量敏感函数为 $g(j) = j^{-1}$，需求调节因子 ε 服从 $[A, B]$ 上的均匀分布，并选取相关模型参数如下：$a = 200$，$b = 1.5$，$c_k = 20$，$v_k = 0.5$，$A = -6$ 和 $B = 6$。

现将选取的模型参数和状态转移概率矩阵，分别代入式(7.9)、式(7.10)和式(7.5)，可得不完备质量下库系统处于不同初始状态时的未来各周期最优期望订购量、最优期望定价和总期望利润，具体的计算结果见表 7.1。

第7章 不完备质量下报童问题的订购与定价联合决策

表7.1 产品质量不完备下模型的最优数值解

周期 k	$\overline{Q}_k^*(1)$	$\overline{r}_k^*(1)$	$\pi_k^*(1)$	$\overline{Q}_k^*(2)$	$\overline{r}_k^*(2)$	$\pi_k^*(2)$	$\overline{Q}_k^*(3)$	$\overline{r}_k^*(3)$	$\pi_k^*(3)$
1	53.400	54.100	2116.3	29.600	38.900	665.40	36.100	42.900	753.20
2	38.300	44.400	1177.6	34.100	41.600	781.80	29.600	38.900	665.40
3	35.320	42.466	914.51	32.063	40.384	743.38	34.066	41.643	781.83
4	33.303	41.176	805.20	33.228	41.118	771.16	32.063	40.384	743.38
5	33.196	41.101	781.69	32.649	40.754	758.97	33.228	41.118	771.16
6	32.869	40.894	767.53	32.966	40.953	766.20	32.649	40.754	758.97
平稳值	32.860	40.887	763.96	32.860	40.887	763.96	32.860	40.887	763.96

下面针对已选取模型参数值所得到的计算结果进行具体的数值分析。

（1）产品质量水平的初始状态对模型最优解的影响性分析。由表7.1中的数值模拟结果可知，在一定的参数下，零售商在同一周期内的最优期望订购量、最优期望定价和总期望利润均随着初始状态的变化而变化。例如，在第1周期，当产品质量水平的初始状态为1时，相应的最优期望订购量、最优期望定价和总期望利润分别为53.4、54.1、2116.3，达到最大值；当产品质量水平的初始状态为2时，相应的最优期望订购量、最优期望定价和总期望利润分别为29.6、38.9、665.4，达到最小值；而当产品质量水平的初始状态为3时，相应的最优期望订购量、最优期望定价和总期望利润分别为36.1、42.9、753.2。由此表明，产品质量水平的初始状态能够影响模型的最优解与总期望利润，而且当产品质量水平的初始状态处于优良等级时，相应的总期望利润不一定达到较高水平。

（2）产品质量水平的周期波动对模型最优解的影响性分析。产品质量水平的周期波动性用其步状态转移矩阵来刻画，于是根据零售商的最优期望订购量、最优期望定价和总期望利润的表达式可知，最优期望订购量、最优期望定价和总期望利润受到产品质量水平的周期波动性影响。下面结合表7.1中的数值模拟结果进行分析。从表7.1可以看出，当库存系统从初始状态1出发时，未来6个周期的最优期望订购量、最优期望定价和总期望利润随着周期数的增加具有下降趋势；而当库存系统从初始状态1（或2）出发时，未来6个周期的最优期望订购量、最优期望定价和总期望利润随着周期数的增加具有高低（或低高）交替浮动趋势。这一现象的出现是由库存系统里的产品质量水平波动所引起的，即各周期内产品质量水平的状态发生的概率随着时间增加而起伏。例如，当库存系统的初始状态为2时，通过计算步状态转移矩阵可得，未来6个周期的产品质量水平的概率分布依次如下：$(0.05, 0.45, 0.5)$、$(0.04, 0.73, 0.23)$、$(0.05, 0.58, 0.37)$、$(0.0468, 0.6601, 0.2931)$、$(0.0494, 0.6182, 0.3324)$、$(0.0482, 0.6402, 0.3116)$。这亦表明，由产品质量水平所诱发的周期波动性，对最优期望订购量、最优期望定价和总期望利润具有一定的冲击效应。

（3）不完备质量下库存系统的平稳性分析。产品质量水平的周期波动效应是诱发库存系统风险的主要动能之一，在产品质量水平波动过程中，如何刻画系统的最优期望订购量、最优期望定价和总期望利润的演变态势，关乎随机库存系统的安全性问题。下面针对所选取的模型参数进行分析。由上述产品质量水平波动过程的一步状态转移概率矩阵可得

$$\boldsymbol{P}_{17} = (p_{ij}(17))_{S \times S} = \begin{pmatrix} 0.0487 & 0.6326 & 0.3187 \\ 0.0487 & 0.6326 & 0.3187 \\ 0.0487 & 0.6326 & 0.3187 \end{pmatrix}$$

由此可见，库存系统进入第17周期后，其最优期望订购量、最优期望定价和总期望利润均具有平稳性，具体的平稳值分别为32.86、40.887、763.96。事实上，根据产品质量水平的转移概率矩阵，可知该质量水平随机波动过程的各个状态满足互通性和遍历性，故该质量水平随机波动过程为不可约的马氏遍历链。由离散时间马尔可夫链理论，该质量水平随机波动过程有唯一的平稳分布 $\boldsymbol{\pi} = (\pi_1, \pi_2, \pi_3)$，满足 $\boldsymbol{\pi} = \boldsymbol{\pi}\boldsymbol{P}$，解之得 $\boldsymbol{\pi} = (0.0487, 0.6326, 0.3187)$。因此，该质量水平随机波动过程存在稳定的极限性态，从而库存系统的最优期望订购量、最优期望定价和总期望利润的运动趋势均具有良好的鲁棒性。

7.4 本章小结

在实际问题中，库存系统供给侧中的产品质量水平关乎供应链的运作安全，其随机波动性往往对顾客的需求产生重要的影响，从而构成库存系统的最重要风险源之一。为此，本章在假设产品消费需求依赖于质量水平的条件下，将产品质量水平的周期波动视为一随机过程，利用马尔可夫理论描述该产品质量随机过程的统计规律性，进而将"不完备质量"的决策理念纳入

经典库存模型的理论框架，构建了考虑产品消费需求依赖于产品质量与零售价格的定价和订货联合决策模型。基于该模型可确定不同初始状态下的未来多个周期的最优定价和最优订购量，同时还给出产品质量水平对零售商最优决策结果影响的数值分析。由新模型的相关结论及数值算例分析，还可以得出以下一些管理启示：

（1）产品质量水平的初始状态对零售商的订购与定价联合策略具有重要的影响。当产品质量水平的初始状态处于相对占优时，其对应的总期望利润并非总处于占优水平。因此，决策者在制定优化策略时，要深入理清产品质量水平的不同状态的统计特征，辨析不同状态间所产生的转移效应，不因循守旧，而是因地制宜地做出合理的决策。

（2）产品质量水平的周期波动性对零售商的订购与定价联合策略的影响显现出非线性特征。不同初始状态处的最优期望订购量、最优期望定价和总期望利润随着周期数的增加而产生波动，其波动形态各异，其原因是产品质量水平的状态转移具有时变性，即当非占优状态向相对占优状态转移的概率逐步增大时，随机库存系统的运作绩效就越高，否则反之。订购量和零售价格是供应链运作与管理的重要参数，其影响着企业在未来周期内的资金预算安排。因此，决策者应构建产品质量水平监测的数据库，通过数据镜像预判库存系统所载荷的潜在风险性，进而因时而动地作出系统的优化策略。

（3）利用马尔可夫链理论和方法可有效刻画产品质量水平在需求侧中扰动演变的统计结构，进而有助于揭示产品质量水平在系统决策机制中的传导机理。当产品质量过程满足不可约性和遍历性时，随机库存系统在任一初始状态下，其优期望订购量、最优期望定价和总期望利润都将逐步趋于平稳。因此，决策者运用马尔可夫链理论描述系统在未来运行过程中的演变态势，进而确定库存系统的鲁棒性，有利于达到规避风险的经营目标。

可见，本章所构建的将产品质量水平和产品消费需求的价格依赖等因素纳入订购与定价联合决策的模型，刻画了随机库存系统在运行过程中出现的决策机制及其演变规律。因此，新模型不但丰富了库存系统决策的理论和方法，还将为供应链决策者在产品订购与定价联合决策时提供理论上的依据。

第8章 质量涟漪效应下的产品订购与定价联合决策

8.1 引　言

产品质量是树立企业品牌形象、提升顾客忠诚度与企业核心竞争力的重要因素，关乎着产品质量风险事件的发生概率和企业遭受潜在损失的程度。近年来，全球范围内因产品质量缺陷导致的各类产品召回事件频发，给相关企业带来巨额的经济损失。因此，产品质量管理受到业界与学术界的广泛关注。

目前，许多学者针对不完备质量下库存决策优化问题的进行拓展性研究。Wan 等（2015）考虑质量筛查和部分延期供货等因素，研究了基于更新报酬理论的库存系统的最优订购问题。Hsu 和 Hsu（2014）研究了在质检过程中存在两类检查错误的库存问题，建立了允许换货的经济订购批量模型。Jafar（2016）构建了产品质量不完备下的 EOQ 模型，并探究两个次品率阈值下的全检与抽检组合策略。魏津瑜等（2019）针对易腐品与订货成本存在学习效应的情形，构建了产品具有随机质量缺陷的二级冷链库存一体化模型，分析了非100%次品筛选下的库存策略与次品筛选策略。胡劲松和郭彩云（2009）基于检验速率，建立了带有 LR 模糊缺陷率、模糊废品率、修复成本的经济生产批量模型，并分析了产品缺陷率、废品率的模糊性和检验速率对最优生产量和最小成本的影响。刘云志和樊治平（2017）研究带有损失规避和产品质量水平的二级供应链协调问题，通过分析零售商的损失规避行为，构建了回购 – 质量成本分担型的供应链协调契约模型。曹裕等（2020）建立存在质量不确定与检查错误下的报童模型，并分析检查机制、溯源机制及组合机制对零售商订购决策与质量控制效率的影响。上述文献从质检、供应链协调与产品质量控制机制等视角开展研究，并未考虑产品消费需求依赖于产品零售价格的情形。徐和与彭伟真（2016）在供应风险的情形下，通过分析不同采购策略（单源或双源）对制造商的产品价格与质量竞争的影响，构建了由两个制造商组成的二维竞争模型，并给出均衡情形下的产品价格与质量水平以及均衡唯一存在的条件。寇军和赵泽洪（2019）针对产品质量对产品及延保服务需求的多重影响问题，研究了产品质量影响下的延保服务与产品联合定价与库存策略。

本章在上述文献的研究成果上，考虑产品质量的波动性对订货成本、产品残值和产品消费需求的影响，建立多周期的决策环境下的订货与定价联合策略优化模型，以解决库存系统的优化决策问题，最后对模型的最优解进行数值算例分析。

8.2 模型的构建

8.2.1 模型描述和符号说明

本章考虑多周期单一产品的两级供应链的定价与订货联合决策问题，零售商与供应商均为风险中性，在销售季初，零售商仅有一次订购机会，供应商有能力提供零售商所预定的产品。由于供应商的产品质量水平受内外部环境中随机因素的影响，其诱导的周期涟漪效应使之演变成一随机过程，进而影响系统的市场需求、成本与残值，因此，在系统的定价与订货联合策略中，假定产品消费需求、产品成本和产品残值均为产品质量水平依赖，其中产品消费需求是关于产品质量水平的单调函数，亦是关于零售价格的单调递减函数，而且受到随机因子的影响。目前关于产品消费需求的价格依赖，通常采用加法形式和乘法形式的两种需求函数，这里选取加法形式的需求函数，即假设产品消费需求为 $X(\cdot) = ag(\cdot) - br(\cdot) + \varepsilon$，其中，$r(\cdot)$ 为产品的零售价格，$g(\cdot)$ 为单调递减的产品质量敏感函数，$a>0, b>0$，需求调节因子 ε 是区间 $[A, +\infty)$ 上的随机变量。在实际营商环境中，零售商的单位产品订货成本通常低于其零售价格，但远高于其单位剩余产品的残值。接下来主要在上述模型假设的基础上，给出库存系统的决策模型及其订购策略和期望利润。决策模型所涉及的变量符号及其说明见表 8.1。

表8.1 决策模型的变量符号说明

符号	含义
$\{Y_k, k \geq 0\}$	产品质量水平波动形成的随机过程,即产品质量随机过程
$S = \{1, 2, \cdots, M\}$	产品质量随机过程的状态集,状态取值越大,相应的质量水平越低
$X_k(j\|i)$	当产品质量水平由状态 i 转移到 j 时,第 k 周期的产品销售需求
$f_\varepsilon(\cdot), F_\varepsilon(\cdot)$	ε 的概率密度和分布函数
$r_k(j\|i)$	当产品质量水平由状态 i 转移到 j 时,第 k 周期的零售价格
$c_k(j\|i)$	当产品质量水平由状态 i 转移到 j 时,第 k 周期的订货单价
$v_k(j\|i)$	当产品质量水平由状态 i 转移到 j 时,第 k 周期剩余产品的单位残值
$Q_k(j\|i)$	当产品质量水平由状态 i 转移到 j 时,第 k 周期的订购量

8.2.2 产品质量涟漪效应下的订购与定价决策模型

根据经典的报童模型,当产品质量水平由初始状态 i 出发历经 k 个周期后到达 j 时,零售商的销售利润函数为

$$\pi_k(r_k(j|i), Q_k(j|i)) = (r_k(j|i) - c_k(j|i))Q_k(j|i) - [r_k(j|i) - v_k(j|i)][(Q_k(j|i) - X_k(j|i))]^+ \tag{8.1}$$

式(8.1)中含有产品质量水平的状态信息,即产品的订货单价、残值和消费需求等要素依赖于产品实物本身的价值(产品质量),体现了产品质量水平的状态属性对零售商决策机制的影响。

为了计算分析的方便,令 $Z_k(j|i) = Q_k(j|i) - ag(j) + br_k(j|i)$,则式(8.1)可改写为

$$\pi_k(r_k(j|i), Z_k(j|i)) = [r_k(j|i) - c_k(j|i)][Z_k(j|i) + ag(j) - br_k(j|i)] - [r_k(j|i) - v_k(j|i)][Z_k(j|i) + ag(j) - br_k(j|i) - X_k(j|i)]^+ \tag{8.2}$$

由于库存系统中产品涟漪效应对系统的需求侧施加着重要的影响,因此有必要权衡产品的各种质量水平状态下,库存系统在未来多周期内所获得的期望利润。记 $\boldsymbol{P} = (p_{ij}(k))_{S \times S}$,其中,$p_{ij}(k) = p(Y_k = j | Y_0 = i)$,表示当产

品质量水平由初始状态 i 历经 k 个周期后到达 j 时的概率,一般将 $\boldsymbol{P} = (p_{ij}(k))_{S\times S}$ 称为 k 步状态转移概率矩阵。当产品消费需求函数为 $X_k(j|i) = ag(j) - br_k(j|i) + \varepsilon$ 时,对式(8.2)求期望,可得零售商在第 k 周期所获得的期望利润。

命题 8.1 设 $\{Y_k, k \geq 0\}$ 为一产品质量随机过程,产品质量水平的初始状态为 i,且产品消费需求函数为 $X_k(j|i) = ag(j) - br_k(j|i) + \varepsilon, j \in S$,则零售商在第 k 周期所获得的期望利润函数为

$$E(\pi_k(r_k(j|i), Z_k(j|i))) = \sum_{j \in S} p_{ij}(k) \{[r_k(j|i) - c_k(j|i)][(Z_k(j|i) + ag(j) - br_k(j|i)] -$$
$$[r_k(j|i) - v_k(j|i)]\int_A^{Z_k(j|i)}[Z_k(j|i) - x]f_\varepsilon(s)dx\} \quad (8.3)$$

证明: 当 $Z_k(j|i) + ag(j) - br_k(j|i) \geq X_k(j|i)$ 时,有
$$\pi_k(r_k(j|i), Z_k(j|i)) = [r_k(j|i) - c_k(j|i)][Z_k(j|i) + ag(j) - br_k(j|i)] -$$
$$[r_k(j|i) - v_k(j|i)][Z_k(j|i) + ag(j) - br_k(j|i) - X_k(j|i)]$$

当 $Z_k(j|i) + ag(j) - br_k(j|i) < X_k(j|i)$ 时,有
$$\pi_k(r_k(j|i), Z_k(j|i)) = [r_k(j|i) - c_k(j|i)][Z_k(j|i) + ag(j) - br_k(j|i)]$$

由于产品消费需求函数为 $X_k(j|i) = ag(j) - br_k(j|i) + \varepsilon, j \in S$,故销售利润函数 $\pi_k(r_k(j|i), Q_k(j|i))$ 的数学期望为

$$E(\pi_k(r_k(j|i), Z_k(j|i))) = \sum_{j \in S} p_{ij}(k) \Big\{[r_k(j|i) - c_k(j|i)][Z_k(j|i) + ag(j) - br_k(j|i)] -$$
$$[r_k(j|i) - v_k(j|i)]\int_A^{+\infty}[Z_k(j|i) - x]^+ f_\varepsilon(s)dx\Big\}$$

$$= \sum_{j \in S} p_{ij}(k) \Big\{[r_k(j|i) - c_k(j|i)][Z_k(j|i) + ag(j) - br_k(j|i)] -$$
$$[r_k(j|i) - v_k(j|i)]\int_A^{Z_k(j|i)}[Z_k(j|i) - x]^+ f_\varepsilon(s)dx -$$
$$[r_k(j|i) - v_k(j|i)]\int_{Z_k(j|i)}^{+\infty}[Z_k(j|i) - x]^+ f_\varepsilon(s)dx\Big\}$$

$$= \sum_{j \in S} p_{ij}(k) \Big\{[r_k(j|i) - c_k(j|i)][Z_k(j|i) + ag(j) - br_k(j|i)] -$$
$$[r_k(j|i) - v_k(j|i)]\int_A^{Z_k(j|i)}[Z_k(j|i) - x]_\varepsilon^f(s)dx\Big\} \quad \square$$

命题 8.1 给出了当产品质量水平的初始状态为 i 时,零售商在第 k 周期的目标函数。接下来探究零售商在产品质量涟漪效应下的最优期望订购量与最优期望零售价格。

记 $\boldsymbol{\Omega}(i) = (Z_k(1|i), r_k(1|i), Z_k(2|i), r_k(2|i), \cdots, Z_k(M|i),$

$r_k(M|i))$,$\varphi(\Omega(i)) = E(\pi_k(r_k(j|i), Z_k(j|i)))$,对 $2M$ 元函数 φ 求偏导数,得

$$\frac{\partial \varphi}{\partial Z_k(j|i)} = p_{ij}(k)\{[r_k(j|i) - c_k(j|i)] - [r_k(j|i) - v_k(j|i)]F_\varepsilon(Z_k(j|i))\}$$

$$\frac{\partial \varphi}{\partial r_k(j|i)} = p_{ij}(k)\{Z_k(j|i)[1 - F_\varepsilon(Z_k(j|i))] + ag(j) - 2br_k(j|i) + bc_k(j|i) + \int_A^{Z_k(j|i)} xf_\varepsilon(x)dx\}$$

继续对函数 φ 求二阶偏导数,得

$$\frac{\partial^2 \varphi}{\partial Z_k(j|i)\partial Z_k(l|i)} = \begin{cases} -p_{ij}(k)(r_k(j|i) - v_k(j|i))f_\varepsilon(Z_k(j|i)), j = l, \\ 0, j \neq l \end{cases}$$

(8.4)

$$\frac{\partial^2 \varphi}{\partial Z_k(j|i)\partial r_k(l|i)} = \begin{cases} p_{ij}(k)[1 - f_\varepsilon(Z_k(j|i))], j = l, \\ 0, j \neq 0 \end{cases} \quad (8.5)$$

$$\frac{\partial^2 \varphi}{\partial r_k(j|i)\partial r_k(l|i)} = \begin{cases} -2p_{ij}(k)b, j = l, \\ 0, j \neq l \end{cases} \quad (8.6)$$

记 $W = \{\Omega(i) | \frac{\partial \varphi}{\partial Z_k(j|i)} = 0, \frac{\partial \varphi}{\partial r_k(j|i)} = 0, j \in S\}$,$H_k(j|i) =$

$$\begin{pmatrix} \frac{\partial^2 \varphi}{\partial Z_k^2(j|i)} & \frac{\partial^2 \varphi}{\partial Z_k(j|i)\partial r_k(j|i)} \\ \frac{\partial^2 \varphi}{\partial Z_k(j|i)\partial r_k(j|i)} & \frac{\partial^2 \varphi}{\partial r_k^2(j|i)} \end{pmatrix}。$$

命题 8.2 设 $\{Y_k, k \geq 0\}$ 为一产品质量随机过程,产品质量水平的初始状态为 i,产品消费需求函数为 $X_k(j|i) = ag(j) - br_k(j|i) + \varepsilon, j \in S$,若 $W \neq \varphi$,且对于任意 $j \in S$,有 $p_{ij}^2(k)\{2b[r_k(j|i) - v_k]f_\varepsilon(Z_k(j|i)) - [1 - F_\varepsilon(Z_k(j|i))]^2\} > 0$,则零售商在第 k 周期所获得的最优期望订购量与最优期望零售价格为

$$\overline{Q}_k^*(i) = \sum_{j \in S} p_{ij}(k) Q_k^*(j|i) \quad (8.7)$$

$$\overline{r}_k^*(i) = \sum_{j \in S} p_{ij}(k) r_k^*(j|i) \quad (8.8)$$

其中,$Q_k^*(j|i) - ag(j) + br_k^*(j|i)$,$Q_k^*(j|i)$ 和 $r_k^*(j|i)$ 分别满足如下关系式:

$$F_\varepsilon(Q_k^*(j|i) - ag(j) + br_k^*(j|i)) = [r_k^*(j|i) - c_k(j|i)]/[r_k^*(j|i) - v_k(j|i)]$$

(8.9)

$$[Q_k^*(j|i) - ag(j) + br_k^*(j|i)][1 - F_\varepsilon(Q_k^*(j|i) - ag(j) + br_k^*(j|i)] +$$
$$\int_A^{Q_k^*(j|i)-ag(j)+br_k^*(j|i)} xf_\varepsilon(x)\mathrm{d}x = 2br_k^*(j|i) - ag(j) + bc_k^*(j|i) \qquad (8.10)$$

证明：目标函数 $\varphi(\boldsymbol{\Omega}(i)) = E(\pi_k(r_k(j|i), Z_k(j|i)))$ 的黑塞矩阵为

$$\boldsymbol{H}_k(i) = \begin{pmatrix} \boldsymbol{H}_k(1|i) & & & \\ & \boldsymbol{H}_k(2|i) & & \\ & & \ddots & \\ & & & \boldsymbol{H}_k(M|i) \end{pmatrix}$$

该矩阵是准对角矩阵，要证明 $\boldsymbol{H}_k(i)$ 是负定矩阵，根据负定矩阵的性质，只需证明每个 $\boldsymbol{H}_k(j|i)$ 是负定矩阵即可。事实上，由式（8.4）、式（8.5）和式（8.6），二阶矩阵 $\boldsymbol{H}_k(j|i)$ 的行列式为

$$|\boldsymbol{H}_k(j|i)| = p_{ij}^2(k)\{2b[r_k(j|i) - v_k]f_\varepsilon(Z_k(j|i)) - [1 - F_\varepsilon(Z_k(j|i))]^2\}$$

由假设条件可知，$|\boldsymbol{H}_k(j|i)| > 0$。再根据式（8.4），可得

$$\frac{\partial^2 \varphi}{\partial Z_k^2(j|i)} = -p_{ij}(k)[r_k(j|i) - v_k(j|i)]f_\varepsilon(Z_k(j|i)) < 0$$

因此，$\boldsymbol{H}_k(j|i)$ 是负定矩阵。因而目标函数 $\varphi(\boldsymbol{\Omega}(i))$ 有唯一最优解，记为

$$\boldsymbol{\Omega}^*(i) = (Z_k^*(1|i), r_k^*(1|i), \cdots, Z_k^*(M|i), r_k^*(M|i))$$

则 $\boldsymbol{\Omega}^*(i) \in W$。由 $Z_k(j|i) = Q_k(j|i) - ag(j) + br_k(j|i)$，可得 $Q_k^*(j|i) = Z_k^*(j|i) + ag(j) - br_k^*(j|i)$。从而，库存系统在第 k 周期的最优期望订购量与最优期望零售价格分别为

$$\overline{Q}_k^*(i) = \sum_{j \in S} p_{ij}(k) Q_k^*(j|i)$$
$$\overline{r}_k^*(i) = \sum_{j \in S} p_{ij}(k) r_k^*(j|i) \qquad \square$$

由命题 8.2 的结论可知，表示零售商的最优期望订购量与最优期望零售价格的式（8.7）和式（8.8）蕴含产品质量不确定性与波动性的统计属性，从而体现了产品质量涟漪效应对库存系统决策的影响机理。可见，式（8.3）对进一步完善库存系统的决策理论和方法，具有一定的理论和实际意义。

8.3 数值算例分析

下面通过具体的算例给出质量涟漪效应下的最优期望订购量与最优期望

零售价格,进而分析产品质量水平随机性对最优期望订购量、最优期望零售价格和总期望利润的影响。为了便于模型的数值分析,这里假设产品质量波动过程$\{Y_k, k \geq 0\}$是马尔可夫链,其状态集为$S = \{1,2,3,4\}$,且一步状态转移概率矩阵为

$$\boldsymbol{P} = (p_{ij})_{S \times S} = \begin{pmatrix} 0.40 & 0.15 & 0.35 & 0.10 \\ 0.25 & 0.40 & 0.25 & 0.10 \\ 0.30 & 0.15 & 0.40 & 0.15 \\ 0.10 & 0.15 & 0.35 & 0.40 \end{pmatrix}$$

同时,假设产品质量敏感函数为$g(j) = j^{-1}$,需求调节因子ε服从$[A, B]$上的均匀分布,并选取如下相关模型参数:$a = 250$,$b = 1.5$,$A = -6$,$B = 6$。现将选取的模型参数分别代入式(8.9)和式(8.10),可得库存系统在不同产品质量水平状态下的模型最优解,具体的计算结果见表8.2。

表8.2 不同质量水平状态下模型的最优解

质量状态 j	1	2	3	4
订货单价 $c_k(j\|i)$	25.00	23.00	21.00	19.00
单位残值 $v_k(j\|i)$	0.50	1.00	1.50	2.00
订购数量 $Q_k(j\|i)$	109.36	46.70	26.32	16.74
零售价格 $r_k(j\|i)$	95.70	52.81	37.70	29.57

根据表8.2的数值计算结果可知,当系统的产品质量水平处于状态$j = 1$时,其最优订购量、最优零售价格与销售利润分别为109.36,95.7;当状态$j = 2$时,相应的其最优订购量与最优零售价格分别为46.7,52.81。显然,状态$j = 1$处的最优订购量与最优零售价格分别大于状态$j = 2$处的最优订购量与最优零售价格。状态$j = 2$和状态$j = 3$等情形的最优订购量与最优零售价格也有同样的降序关系。可见,产品质量水平所处的状态对系统的最优订购量与最优零售价格具有重要的影响,即库存系统的最优订购量与最优零售价格随着产品质量水平的提高而上升。这说明本章模型的最优策略与实际运营的情况相符合。

由于产品质量水平对订货价格、产品残值与产品消费需求等因素起着约束性作用,其不确定性与波动性诱导的周期涟漪效应必在库存系统的决策机制中展现。如何描述产品质量涟漪效应对系统决策的影响机理?下面对此问

题展开讨论。

将选取的模型参数和表8.2中的相关数据,代入式(8.7)、式(8.8)和式(8.3)可得,产品质量涟漪效应下,库系统处于不同初始状态时的未来各周期最优期望订购量、最优期望定价和总期望利润,具体的计算结果见表8.3(受篇幅所限,只列举前三个状态的数据)。

表8.3 产品涟漪效应对模型的最优数值解的影响

周期 k	$\overline{Q}_k^*(1)$	$\overline{r}_k^*(1)$	$\pi_k^*(1)$	$\overline{Q}_k^*(2)$	$\overline{r}_k^*(2)$	$\pi_k^*(2)$	$\overline{Q}_k^*(3)$	$\overline{r}_k^*(3)$	$\pi_k^*(3)$
1	61.6	62.4	3313.0	54.3	57.4	2483.4	52.9	56.1	2598.6
2	54.7	57.5	2720.6	53.7	56.8	2584.6	52.9	56.2	2575.9
3	53.1	56.3	2584.2	53.0	56.3	2564.6	52.6	56.0	2544.2
4	52.6	56.0	2547.7	52.7	56.0	2546.8	52.5	55.9	2535.9
5	52.5	55.9	2537.5	52.5	55.9	2538.5	52.5	55.9	2534.0
6	52.5	55.9	2534.6	52.5	55.9	2535.7	52.5	55.9	2533.6
7	52.5	55.9	2533.8	52.5	55.9	2534.1	52.5	55.9	2533.5
8	52.5	55.9	2533.6	52.5	55.9	2533.7	52.5	55.9	2533.5
9	52.5	55.9	2533.5	52.5	55.9	2533.5	52.5	55.9	2533.5
10	52.5	55.9	2533.5	52.5	55.9	2533.5	52.5	55.9	2533.5
平稳值	52.5	55.9	2533.5	52.5	55.9	2533.5	52.5	55.9	2533.5

表8.2给出产品质量水平处于不同状态时的最优策略,但未考虑产品质量水平的初始状态与周期波动性的影响。根据一步状态转移矩阵,当初始状态 $i=1$ 时,产品质量水平的分布律为 (0.4, 0.15, 0.35, 0.1)。以此为权重系数,得到初始状态 $i=1$ 下零售商在第1周期的最优期望订购量、最优期望零售价格和总期望利润分别为61.6,62.4,3313,同理可得表8.3中的其余数值。由表8.3中的数值模拟结果可知,系统在初始状态1、初始状态2和初始状态3处的最优期望订购量、最优期望定价和总期望利润均随着周期数的递增而呈现出由降转稳的趋势,而且达到平稳值的时间节点也具有一定的差异性。例如,库存系统从初始状态3出发经过3个周期后,其最优期望订购量和最优期望零售价格分别为52.5,55.9,均达到平稳水平,系统从第7周期开始的总期望利润为平稳值2533.5;库存系统从初始状态1和2出

发经过 4 个周期后，其最优期望订购量和最优期望零售价格才达到平稳值。另外，初始状态 1 处的总期望利润达到平稳的时间节点为第 9 周期，而初始状态 2 处的总期望利润达到平稳的时间节点为第 10 周期。由此可见，决策者可通过挖掘产品质量信息的历史数据，构建完整的决策信息数据链及其镜像，进而预判系统运营的演变态势。

从表 8.3 的数值结果中亦可看出，在同一周期内不同初始状态处的最优期望订购量和最优期望零售价格保持不变，相应的总期望利润也有所变化。例如，在第 5 周期，库存系统于初始状态 1、2、3 处的最优期望订购量和最优期望零售价格分别为 52.5 和 55.9，而相应的总期望利润依次为 2537.5，2538.5，2534。其原因是产品质量水平的统计规律性对订货价格、产品消费需求等多重因素产生的干预作用，继而引起库存系统的总期望利润的变化。这也说明了本模型所导出的演变机理符合客观实际的要求。

8.4　本章小结

当前世界处于百年大变局中，科技战、贸易战等事件交错出现的大背景下所诱发出来的各种因素，对供应链企业的内部环境带来重大的冲击，影响相关企业的产品质量水平。企业以实施产品市场需求为导向是运营管理中的关键着力点之一，是提升企业经济效益的重要途径，影响企业在实施供应链杠杆管理过程中的成效性。然而，由产品质量波动所诱发出来的涟漪效应，对库存系统中的订货价、零售价、残值、消费需求等多重因素具有重要的约束作用，进而对决策机制的理论框架产生随机性的影响。本章在假设需求、订货价、残值等因素为质量水平依赖的条件下，将产品质量水平的周期波动视为一随机过程，并借助随机过程的理论方法，构建了考虑产品质量涟漪效应下的定价和订货联合决策模型。基于该模型计算出不同初始状态下的未来多个周期的最优定价、最优订购量与总期望利润，同时还给出产品质量涟漪效应对零售商最优决策结果影响的数值分析。上述研究结果表明，产品质量水平会影响零售商的订购与定价联合策略，但在影响程度上因产品质量水平的状态值不同而存在差异。研究结果还表明，由产品质量水平的周期波动性所诱发的涟漪效应，也会影响零售商的订购与定价联合策略，而在影响程度与趋势上也存在差异。可见，企业管理者在系统的观测过程中，当发现产品质量水平波动向非占优的状态传导时，应在主观决策行为上，对由多重随机因素演变所形成的质量过程施加有效的干预作用，以规避系统面临未完成运营目标的风险性。另外，当产品质量过程满足不可约性和遍历性时，随机库存系统在任一初始状态下，其最优期望订购量、最优期望定价和总期望利润都将逐步趋于平稳。因此，决策者可通过产品质量水平的统计结构的属性制定相应的订购策略。当产品质量随机过程满足遍历性和不可约性时，适时地采取稳健的订购策略，以期获取相对稳定的运营利润。

第9章 碳交易机制和不完备质量下的库存决策模型

9.1 引　　言

随着经济社会的不断发展，全球气候变化、资源过度消耗和环境污染等问题日益突出，引起了人们对低碳、绿色经济的密切关注。2021年，碳达峰、碳中和首次被写入我国的政府工作报告，并明确了实现"双碳"的总目标。2024年《政府工作报告》进一步提出，大力发展绿色低碳经济。可见，低碳绿色发展已成为国家战略之一，而碳减排则是重要的实现路径与举措。在当前碳减排政策中，碳配额与交易机制因具有较强的灵活性和碳减排的激励效果，被认为是有效的碳减排措施。我国生态环境部于2020年12月正式发布《碳排放权交易管理办法（试行）》，并于2021年2月开始启动碳交易市场，这标志着我国将成为世界最大的碳交易市场。在低碳背景下，考虑低碳技术投入与低碳运营将成为供应链企业战略发展规划的必然选择。因此，研究碳交易机制下的企业生产与库存决策已经成为供应链运作与管理领域的热点问题，值得进一步探究。

目前，众多学者在历史参照与基准线两种碳配额分配方法的假设下，从碳税、碳交易等角度研究碳政策对供应链运作策略的影响。巫瑞等（2023）为分析碳配额分配方法对低碳供应链减排的效果，采用历史排放法和基准法两种碳配额分配方式，构建碳减排费用承担模式下的博弈模型，探究两种不同碳配额分配方式下减排努力程度、零售价格、销售量和收益等的影响。夏西强等（2024）通过探究知识产权保护下政府碳配额分配方式与原始制造商再制造模式选择问题，构建了制造与再制造的双方演化博弈模型，并分析了系统演化稳定策略。徐健腾等（2023）在需求分布信息不确定下，构建基于历史法和基准线碳配额分配方式的企业鲁棒减排决策模型，进而给出了不同碳配额政策下企业进行减排投资的必要条件。一些学者研究碳税下的供应链决策。例如，朱晨等（2024）考虑碳税、低碳偏好和产能约束对碳减排的影响，利用 Stackelberg 理论，构建了双寡头制造商和零售商组成的二级供应链博弈模型。研究结果表明，产能约束下的低碳偏好与碳税政策均有利于促进制造企业的碳减排行为。郑清与阿布都热合曼·卡的尔（2022）在废品回收和绿色低碳广告投入的情形下，建立基于碳排放税的双寡头制造商的动态博弈模型，并从系统稳定域、分岔图、功率谱等方面，分析了博弈模型纳什均衡解处的稳定性及参数对系统稳定域的影响。黄晓慧与何娟（2023）针对企业面临环保风险和资金短缺的情形，通过分析市场需求对价格和环保力度的双敏感性，构建了碳税政策下的融资决策博弈模型，并探究了碳税政策与环保成本系数对企业联合决策与融资选择的影响。张云丰等（2023）在碳税政策与社会福利下，运用 Stackelberg 博弈和纳什博弈，建立由制造商、运输商与零售商组成的三级供应链的碳减排与产品定价决策模型。

还有一些学者对碳交易下的库存决策模型进行研究。Hua 等（2011）构建了碳交易机制下的库存决策优化模型，分析了碳交易、碳价格和碳上限对订货策略、碳排放和总成本的影响。Manikas 和 Kroes（2015）建立了碳约束和交易机制下的多周期报童模型，并给出了一种前向购买启发式算法。Qin 等（2021）考虑融资模式，探究了碳交易价格对资金约束性供应链的生产与减排决策的影响。屈晓龙和李波（2014）用梯形模糊数描述不确定条件下的参数和决策变量，构建了碳交易机制下模糊经济订货批量模型，研究结果表明，基于模糊数学的经济订货批量模型能有效降低决策的不确定性。田志勇等（2017）将报童订货、销售和剩余存货处理活动产生的碳足迹纳入报童问题，构建了基于碳限制和交易机制的报童模型。王喜平和郗少媛（2020）在碳交易机制下，结合实物期权理论，研究供应链内发电商与 CCS 运营商合作的 CCS 投资博弈问题，并探究发电商和 CCS 运营商在收益转移比例与投资时机之间进行决策的均衡机制。夏西强等（2022）在外包制造的情形下，研究低碳供应链协调问题，建立了由一个低碳产品制造商、一个普通产品制造商和一个零售商参与的决策博弈模型，并利用 Shapley 值法实现低碳供应链协调。在混合碳政策下，Yang 等（2019）构建新产品的分布式鲁棒报童模型，并基于最小化最大后悔值方法得出不同碳政策下的最优订购量。Sun 和 Yang（2021）在消费者环境意识下，通过分析碳税和碳交易政策对竞争型制造商碳减排的影响，构建基于竞争行为和碳政策下决策模型，结果表明碳交易政策比碳税政策对消费者环境意识更加敏感。另外，一些学者研究碳政策下的库存决策模型。康凯等（2016）研究基于碳限额与交易机制的易变质产品供应链的生产库存控制策略问题。柏庆国和徐贤浩（2018）在易变质产品销售价格随时间变化与货栈容量约束的情形下，研究了碳排放政策下二级易变质产品供应链的优化决策问题，建立了碳交易政策和碳税政策下的二级供应链库存决策模型。冯海荣等（2021）考虑多零售商和单供应商组成的二阶易变质品供应链，运用合作博弈理论方法，研究碳交易机制下多零售商协同采购的订货决策问题，研究结果表明，考虑社会偏好动机的利他收益分配方案有利于促进供应链高水平的合作，且协同合作将具有可持续性。

综上所述，现有关于碳交易机制下的供应链库存决策模型的研究中，鲜有文献将需求与质量水平随机波动之间的关联性和碳交易机制等因素纳入供应链库存决策模型的基础框架，以拓展模型理论及其在实际问题中的应用。为此，本章在上述文献的研究成果上，考虑产品质量水平的波动性对产品消费需求的影响，建立碳交易机制下的库存决策模型，最后对模型的最优解进行数值算例分析。

9.2 模型的构建

9.2.1 模型描述和符号说明

考虑单一产品的两级供应链的多周期库存决策模型，零售商与供应商均为风险中性，在销售季节初，零售商从供应商处一次性订购产品后，以零售价格 r 出售给消费者。产品消费需求随机，且依赖于产品质量水平，即假设产品消费需求为 $X(\cdot) = ag(\cdot) + \varepsilon$，其中，$g(\cdot)$ 为单调递减的产品质量敏感函数，$a > 0$，需求调节因子 ε 是区间 $[A, +\infty)$ 上的随机变量。如果产品订购量过多可能会出现存货，剩余产品以残值 v 进行处理。零售商进行产品销售时，其经营活动需要满足政府制定的碳配额政策要求，对于剩余或短缺的碳配额，零售商可在碳交易市场上以单位价格 r_c 自由交易。供应商有能力提供零售商所预定的产品。供应商的产品质量水平受内外部环境中随机因素的影响，其诱导的周期涟漪效应使之演变成一随机过程，进而影响系统的市场需求。在实际营商环境中，零售商的单位产品订货成本通常低于其零售价格，但远高于其单位剩余产品的残值。接下来，本章主要在上述模型假设的基础上，给出库存系统的决策模型及其订购策略和期望利润。决策模型所涉及的变量符号及其说明见表9.1。

表9.1 决策模型的相关参数说明

符号	含义
$\{Y_k, k \geq 0\}$	产品质量水平波动形成的随机过程，即产品质量随机过程
$S = \{1, 2, \cdots, M\}$	产品质量随机过程的状态集，状态取值越大，相应的质量水平越低
$X_k(j \mid i)$	第 k 周期产品质量水平处于状态 j 的产品销售需求
$f_\varepsilon(\cdot), F_\varepsilon(\cdot)$	ε 的概率密度和分布函数
a	产品最大需求
r_k	第 k 周期的零售价格
c_k	第 k 周期的订货单价
v_k	第 k 周期剩余产品的单位残值
$Q_k(i)$	当产品质量水平的初始状态为 i 时，第 k 周期的订购量
r_c	碳交易价格
e_0	政府规定的碳排放配额总量
e_1	与零售商销售相关的单位产品碳排放量
e_2	与剩余产品处理相关的单位产品碳排放量

9.2.2 碳交易机制和不完备质量下的库存决策模型

根据本章的假设与参数说明，结合经典的报童模型可得，当产品质量水平的初始状态为 i 时，零售商在 k 周期的销售利润函数为

$$\pi_k(Q_k(i)) = (r_k - c_k)Q_k(i) - (r_k - v_k)[Q_k(i) - X_k(j)]^+ + r_c\{e_0 - e_1 X_k(j) - e_2[Q_k(i) - X_k(j)]^+\} \quad (9.1)$$

式中，$(r_k - c_k)Q_k(i) - (r_k - v_k)[Q_k(i) - X_k(j)]^+$ 表示零售商在商品市场上获得的利润，$r_c\{e_0 - e_1 X_k(j) - e_2[Q_k(i) - X_k(j)]^+\}$ 表示零售商在碳交

易市场获得的收益。两者均含有产品质量水平的状态信息，能体现产品质量水平的状态属性对零售商决策机制的影响，而且后者含有碳交易信息，亦能反映出碳政策对零售商决策机制的约束作用。

记 $\boldsymbol{P} = (p_{ij}(k))_{S \times S}$，其中 $p_{ij}(k) = p(Y_k = j | Y_0 = i)$，表示当产品质量水平由初始状态 i 历经 k 个周期后到达 j 时的概率，一般将 $\boldsymbol{P} = (p_{ij}(k))_{S \times S}$ 称为 k 步状态转移概率矩阵。因为库存系统中产品质量水平的波动性对产品销售需求产生影响，所以需要探究库存系统在未来多周期内所获得的期望利润。对式 (9.1) 求数学期望，可得零售商在第 k 周期所获得的条件期望利润。

命题 9.1 设 $\{Y_k, k \geq 0\}$ 为一产品质量随机过程，产品质量水平的初始状态为 i，若产品消费需求为 $X_k(j) = ag(j) + \varepsilon$，则零售商在第 k 周期所获得的条件期望利润函数为

$$E(Q_k(i)) = (r_k - c_k)Q_k(i) + r_c e_0 - r_c e_1 \sum_{j=1}^{M} p_{ij}(k) \Big[ag(j) + \int_A^{+\infty} x f_\varepsilon(x) \mathrm{d}x \Big] -$$
$$(r_k - v_k + r_c e_2) \sum_{j=1}^{M} p_{ij}(k) \Big\{ [Q_k(i) - ag(j)] F_\varepsilon(Q_k(i) - ag(j)) -$$
$$\int_A^{Q_k(i) - ag(j)} x f_\varepsilon(x) \mathrm{d}x \Big\} \tag{9.2}$$

证明： 当 $Q_k(i) \geq X_k(j)$ 时，有

$$\pi_k(Q_k(i)) = (r_k - c_k)Q_k(i) - (r_k - v_k)[Q_k(i) - X_k(j)]^+ +$$
$$r_c \{ e_0 - e_1 X_k(j) - e_2 [Q_k(i) - X_k(j)]^+ \}$$
$$= (r_k - c_k)Q_k(i) - (r_k - v_k)[Q_k(i) - X_k(j)] +$$
$$r_c \{ e_0 - e_1 X_k(j) - e_2 [Q_k(i) - X_k(j)] \}$$
$$= (r_k - c_k)Q_k(i) - r_c e_0 - r_c e_1 X_k(j) -$$
$$(r_k - v_k + r_c e_2)[Q_k(i) - X_k(j)]$$

当 $Q_k(i) \geq X_k(j)$ 时，有

$$\pi_k(Q_k(i)) = (r_k - c_k)Q_k(i) + r_c e_0 - r_c e_1 X_k(j)$$

由于产品消费需求函数为 $X_k(j) = ag(j) + \varepsilon$，故销售利润函数 $\pi_k(Q_k(i))$ 的条件期望为

$$E(\pi_k(Q_k(i))) = E((r_k - c_k)Q_k(i) - (r_k - v_k)(Q_k(i) - X_k(j))^+ +$$
$$r_c(e_0 - e_1 X_k(j) - e_2(Q_k(i) - X_k(j))^+))$$
$$= (r_k - c_k)Q_k(i) - (r_k - v_k)E((Q_k(i) - X_k(j))^+) +$$

$$\begin{aligned}&r_c(e_0 - e_1 E(X_k(j)) - e_2 E((Q_k(i) - X_k(j))^+))\\ =& (r_k - c_k)Q_k(i) + r_c e_0 - r_c e_1 E(X_k(j)) - \\ & (r_k - v_k + r_c e_2)E((Q_k(i) - X_k(j))^+)\\ =& (r_k - c_k)Q_k(i) + r_c e_0 - r_c e_1 \sum_{j=1}^{M} p_{ij}(k)\left[ag(j) + \int_{A}^{+\infty} x f_\varepsilon(x)dx\right] - \\ & (r_k - v_k + r_c e_2)\sum_{j=1}^{M} p_{ij}(k)\int_{A}^{Q_k(i)-ag(j)}[Q_k(i) - ag(j) - x]f_\varepsilon(x)dx \\ =& (r_k - c_k)Q_k(i) + r_c e_0 - r_c e_1 \sum_{j=1}^{M} p_{ij}(k)\left[ag(j) + \int_{A}^{+\infty} x f_\varepsilon(x)dx\right] - \\ & (r_k - v_k + r_c e_2)\sum_{j=1}^{M} p_{ij}(k)\Big\{[Q_k(i)-ag(j)]F_\varepsilon(Q_k(i)-ag(j)) - \\ & \int_{A}^{Q_k(i)-ag(j)} x f_\varepsilon(x)dx\Big\} \quad\square\end{aligned}$$

命题9.1给出了当产品质量水平的初始状态为i时，零售商在第k周期的目标函数。接下来探究零售商在碳交易和不完备质量下的最优期望订购量。

9.2.3 模型的求解与分析

通过极值理论对模型进行求解，得到命题9.2。

命题9.2 设$\{Y_k, k \geq 0\}$为一产品质量随机过程，产品质量水平的初始状态为i，若产品消费需求为$X_k(j) = ag(j) + \varepsilon$，则式(9.2)存在唯一最优解$Q_k^*(i)$，且满足

$$\sum_{j \in S} p_{ij}(k) F_\varepsilon(Q_k^*(i) - ag(j)) = \frac{r_k - c_k}{r_k - v_k + r_c e_2} \tag{9.3}$$

证明： 目标函数$E(\pi_k(Q_k(i)))$关于$Q_k(i)$的一阶导数为

$$\begin{aligned}\frac{dE(Q_k(i))}{dQ_k(i)} =& (r_k - c_k) - (r_k - v_k + r_c e_2)\sum_{j=1}^{M} p_{ij}(k)\frac{d\{[Q_k(i)-ag(j)]F_\varepsilon(Q_k(i)-ag(j))\}}{dQ_k(i)} + \\ & (r_k - v_k + r_c e_2)\sum_{j=1}^{M} p_{ij}(k)\frac{d\int_{A}^{Q_k(i)-ag(j)} x f_\varepsilon(x)dx}{dQ_k(i)}\\ =& r_k - c_k - (r_k - v_k + r_c e_2)\sum_{j=1}^{M} p_{ij}(k)\{F_\varepsilon(Q_k(i) - ag(j)) + \\ & [Q_k(i) - ag(j)]f_\varepsilon(Q_k(i) - ag(j))\} -\end{aligned}$$

$$(r_k - v_k + r_c e_2) \sum_{j=1}^{M} p_{ij}(k)[Q_k(i) - ag(j)]f_\varepsilon(Q_k(i) - ag(j))$$

$$= r_k - c_k - (r_k - v_k + r_c e_2) \sum_{j=1}^{M} p_{ij}(k)F_\varepsilon(Q_k(i) - ag(j))$$

进而得到目标函数 $E(\pi_k(Q_k(i)))$ 关于 $Q_k(i)$ 的二阶导数,为

$$\frac{d^2 E(Q_k(i))}{dQ_k^2(i)} = -(r_k - v_k + r_c e_2) \sum_{j=1}^{M} p_{ij}(k)f_\varepsilon(Q_k(i) - ag(j))$$

显然,目标函数 $E(\pi_k(Q_k(i)))$ 关于 $Q_k(i)$ 的二阶导数小于零。因此,式(9.2)有唯一最优解,记为 $Q_k^*(i)$。令目标函数 $E(\pi_k(Q_k(i)))$ 关于 $Q_k(i)$ 的一阶导数等于零,可得最优解满足如下关系:

$$\sum_{j \in S} p_{ij}(k)F_\varepsilon(Q_k^*(i) - ag(j)) = \frac{r_k - c_k}{r_k - v_k + r_c e_2} \qquad \square$$

由命题9.1的结论可知,零售商的最优期望订购量的表达式(9.3)蕴含产品质量水平的随机波动性与碳交易的属性,从而体现了产品质量水平的随机过程与碳交易机制对库存系统决策的影响机理。可见,式(9.2)对进一步完善库存系统的决策理论和方法具有一定的理论和实际意义。

为了比较不完备质量下未考虑碳交易机制的库存决策模型与本章模型,这里先给出不完备质量下未考虑碳交易机制的库存决策模型:

$$E(\pi_k(Q_{kr}(i))) = (r_k - c_k)Q_{kr}(i) - (r_k - v_k) \sum_{j=1}^{M} p_{ij}(k)[Q_{kr}(i) - ag(j)] \cdot$$

$$F_\varepsilon(Q_{kr}(i) - ag(j)) + (r_k - v_k) \sum_{j=1}^{M} p_{ij}(k) \int_A^{Q_k(i) - ag(j)} x f_\varepsilon(x) dx$$

(9.4)

设为 $Q_{kr}^*(i)$ 其最优解,类似可证 $Q_{kr}^*(i)$ 满足如下关系式:

$$\sum_{j \in S} p_{ij}(k)F_\varepsilon(Q_{kr}^*(i) - ag(j)) = \frac{r_k - c_k}{r_k - v_k} \qquad (9.5)$$

命题9.3 设 $\{Y_k, k \geq 0\}$ 为一产品质量随机过程,产品质量水平的初始状态为 i,若产品消费需求为 $X_k(j) = ag(j) + \varepsilon$,则在碳交易机制下,有 $Q_k^*(i) \leq Q_{kr}^*(i)$。

证明: 用反证法。假设 $Q_k^*(i) > Q_{kr}^*(i)$,于是对任意的 $j \in S$,有 $Q_k^*(i) - ag(j) > Q_{kr}^*(i) - ag(j)$。由于分布函数 $F_\varepsilon(\cdot)$ 是单调增函数,故 $F_\varepsilon(Q_k^*(i) - ag(j)) > F_\varepsilon(Q_{kr}^*(i) - ag(j))$,从而有

$$\sum_{j \in S} p_{ij}(k)F_\varepsilon(Q_k^*(i) - ag(j)) > \sum_{j \in S} p_{ij}(k)F_\varepsilon(Q_{kr}^*(i) - ag(j))$$

第9章 碳交易机制和不完备质量下的库存决策模型

再根据式 (9.3) 和式 (9.4)，可得

$$\frac{r_k - c_k}{r_k - v_k + r_c e_2} > \frac{r_k - c_k}{r_k - v_k}$$

即得 $r_c e_2 < 0$。这与 $r_c e_2 \geq 0$ 矛盾，所以 $Q_k^*(i) \leq Q_{kr}^*(i)$。 □

由命题9.3可知，在产品质量随机过程中，碳交易机制下的最优订购量不超过传统报童模型的最优订购量。碳交易机制下的最优订购量 $Q_k^*(i)$ 与零售价格 r_k、碳交易价格 r_c 的关系见命题9.4。

命题9.4 设 $\{Y_k, k \geq 0\}$ 为一产品质量随机过程，产品质量水平的初始状态为 i，若产品消费需求为 $X_k(j) = ag(j) + \varepsilon$，则 $Q_k^*(i)$ 是关于 r_k 的单调增函数，亦是关于 r_c 的单调减函数。

证明：对式(9.3)的两端求一阶导数，得

$$\sum_{j \in S} p_{ij}(k) f_\varepsilon(Q_k^*(i) - ag(j)) \frac{\mathrm{d}Q_k^*(i)}{\mathrm{d}r_k} = \frac{c_k - v_k + r_c e_2}{(r_k - v_k + r_c e_2)^2}$$

由此可知，$Q_k^*(i)$ 关于 r_k 的一阶导数大于零，所以 $Q_k^*(i)$ 是关于 r_k 的单调增函数。同理可证，$Q_k^*(i)$ 是关于 r_c 的单调减函数。 □

命题9.4的结论说明，最优订购量 $Q_k^*(i)$ 与零售价格 r_k 正相关，而与碳交易价格 r_c 负相关。最优订购量与模型其他参数的关系见命题9.5。

命题9.5 设 $\{Y_k, k \geq 0\}$ 为一产品质量随机过程，产品质量水平的初始状态为 i，若产品消费需求为 $X_k(j) = ag(j) + \varepsilon$，则 $Q_k^*(i)$ 是关于 e_2 的单调减函数。

该命题的证明思路类似于命题9.4，故略去。

在产品质量水平随机波动的情形下，探讨系统的最优期望策略的变化态势具有重要的现实意义。下面将运用马尔可夫链的一些基本理论来分析系统决策绩效的鲁棒性问题。

命题9.6 设 $\{Y_k, k \geq 0\}$ 为一产品质量随机过程，产品质量水平的初始状态为 i，r_k、c_k、v_k 均为常值，若 ε 是 $[A, B]$ 上的连续型随机变量，且 $\{Y_k, k \geq 0\}$ 是不可约的遍历马尔可夫链，则当 k 充分大时，有 $Q_k^*(i) \approx Q^*(i)$，其中，$Q^*(i)$ 满足：

$$\sum_{j \in S} \pi_j F_\varepsilon(Q^*(i) - ag(j)) = \frac{r_k - c_k}{r_k - v_k + r_c e_2}, \quad \pi_j = \lim_{k \to \infty} p_{ij}(k) \quad (9.6)$$

证明：设 $\overline{\lim_{k \to \infty}} Q_k^*(i) = Q_u^*(i)$，$\underline{\lim_{k \to \infty}} Q_k^*(i) = Q_d^*(i)$，则分别存在 $\{Q_k^*(i)\}$ 的子列 $Q_{k_m}^*(i)$ 和 $Q_{k_l}^*(i)$，使 $\lim_{m \to \infty} Q_{k_m}^*(i) = Q_u^*(i)$，$\lim_{l \to \infty} Q_{k_l}^*(i) = Q_d^*(i)$。因为

$\{Y_k, k \geq 0\}$ 是不可约的遍历马尔可夫链,所以 $\{Y_k, k \geq 0\}$ 存在唯一的平稳分布 $\{\pi_1, \pi_1, \cdots, \pi_M\}$,使 $\pi_j = \lim_{k \to \infty} p_{ij}(k)$。于是,当 $m \to \infty$ 时,由式 (9.3),得

$$\sum_{j \in S} \pi_j F_\varepsilon(Q_u^*(i) - ag(j)) = \frac{r_k - c_k}{r_k - v_k + r_c e_2}$$

同理可得,当 $l \to \infty$ 时,有

$$\sum_{j \in S} \pi_j F_\varepsilon(Q_d^*(i) - ag(j)) = \frac{r_k - c_k}{r_k - v_k + r_c e_2}$$

由于方程 $(r_k - v_k + r_c e_2) \sum_{j \in S} \pi_j F_\varepsilon(x - ag(j)) = r_k - c_k$ 有唯一解,所以 $Q_u^*(i) = Q_d^*(i)$。记 $Q^*(i) = Q_u^*(i) = Q_d^*(i)$,则有 $\lim_{k \to \infty} Q_k^*(i) = Q^*(i)$,且 $Q^*(i)$ 满足:

$$\sum_{j \in S} \pi_j F_\varepsilon(Q^*(i) - ag(j)) = \frac{r_k - c_k}{r_k - v_k + r_c e_2} \qquad \square$$

命题 9.6 的结论表明,从库存系统长期运营的视角来看,任一初始状态下库存系统的最优订购量变化趋势具有平稳性,而且这些平稳趋势受到产品质量水平的统计结构属性的影响,该统计结构属性确定了库存系统的最优订购量平稳值的大小。可见,决策者可根据产品质量水平随机波动性的统计数据,挖掘库存系统的产品质量水平状态集 S 中状态的属性及其相应的趋势值,从中预估库存系统长期运作行为的可靠性,从而为长期决策机制的设计提供理论依据。

9.3 数值算例分析

本节通过具体的算例给出碳交易机制和不完备质量下的最优订购量与最优期望利润,进而分析产品质量水平随机性和碳交易机制对最优订购量和最优期望利润的影响。为了便于模型的数值分析,这里假设产品质量波动过程 $\{Y_k, k \geq 0\}$ 是马尔可夫链,其状态集为 $S = \{1, 2, 3\}$,且一步状态转移概率矩阵为

$$\boldsymbol{P} = (p_{ij})_{S \times S} = \begin{pmatrix} 0.50 & 0.30 & 0.20 \\ 0.20 & 0.40 & 0.40 \\ 0.05 & 0.15 & 0.80 \end{pmatrix}$$

同时假设产品质量敏感函数为 $g(j)=j^{-1}$，需求调节因子 ε 服从 $[A,B]$ 上的均匀分布。

9.3.1 不同质量水平状态下模型的最优解

这里考虑 $k=1$ 的情形，其余情形类似的探讨。现将选取的模型参数分别代入式（9.2）至式（9.5），可得库存系统在不同产品质量水平状态下的模型最优解，具体的计算结果见表9.2。

表9.2 不同质量水平状态下模型的最优解

模型参数	$r_k=90, c_k=60, v_k=40$		$a=200, A=-100, B=100$	$r_c=1, e_0=200, e_1=8, e_2=5$
质量状态 j	1	2		3
$Q_{kr}^*(i)$	163.34	126.66		98.34
$E(Q_{kr}^*(i))$	2681.90	1699.90		1035.10
$Q_k^*(i)$	152.43	115.75		87.43
$E(Q_k^*(i))$	1529.70	853.13		433.18

根据表9.2的数值计算结果可知，碳交易机制下和无碳交易机制下的最优订购量和期望利润均受到产品质量水平的影响，初始质量水平位于占优状态时，相应的库存系统的最优订购量和利润也位于较高水平。另外，在每一初始状态处，带有碳交易机制的系统的最优订购量和期望利润分别小于无碳交易机制下的系统的最优订购量和期望利润。由此可见，碳限制和交易机制对库存系统的运营活动具有抑制作用，其作用程度由相关参数所确定，部门管理者可根据实际情况确定碳限制和碳交易的参数范围，有利于碳排放的有效控制，同时企业也能从中得到最优策略的参考效能。

9.3.2 碳交易价格对模型最优解的影响

碳交易价格涨幅不仅意味着企业购买碳排放许可所产生的边际成本的涨幅，而且意味着企业出售剩余碳排放配额的边际收益的增幅，即碳交易价格的变化直接影响企业的利润。这里考虑 $k=1$ 的情形，其余情形类似的探讨。在表9.3中，除了碳交易价格取值，其余参数取值不变，经计算可得库存系统在不同碳交易价格下的模型最优解,具体的计算结果见表9.3。

表9.3 碳交易价格对模型最优解的影响

模型参数 碳交易价格 r_c	$r_k=90, c_k=60, v_k=40$		$a=200, A=-100, B=100$		$e_0=200, e_1=8, e_2=5$	
	$Q_k^*(1)$	$E(Q_k^*(1))$	$Q_k^*(2)$	$E(Q_k^*(2))$	$Q_k^*(3)$	$E(Q_k^*(3))$
1	152.43	1529.70	115.75	853.11	87.43	433.16
0.8	154.45	1757.70	117.77	1020.00	89.45	551.08
0.6	156.55	1986.90	119.87	1188.10	91.55	670.45
0.4	158.72	2217.40	122.04	1357.50	93.72	790.49
0.2	160.99	2448.90	124.31	1528.00	95.99	912.07

从表9.3的数值计算结果中可以看出,在每一初始状态处,系统的最优订购量和期望利润均随着碳交易价格的跌落而上升,即最优订购量和期望利润与碳交易价格负相关,这是因为碳交易价格的增加,引起企业碳管理成本的上涨,从而降低企业所获得的利润。可见,碳交易价格对系统的最优订购量和期望利润均有显著的影响。

9.3.3 碳配额对模型最优解的影响

在给定碳交易价格等模型参数值的条件下,考虑碳配额对系统的最优订购量和期望利润的影响,具体的数值结果见表9.4。

表9.4 碳配额对模型最优解的影响

模型参数 碳配额 e_0	$r_k=90, c_k=60, v_k=40$		$a=200, A=-100, B=100$		$r_c=1, e_1=8, e_2=5$	
	$Q_k^*(1)$	$E(Q_k^*(1))$	$Q_k^*(2)$	$E(Q_k^*(2))$	$Q_k^*(3)$	$E(Q_k^*(3))$
120	152.43	1449.70	115.75	773.11	87.43	353.16
140	152.43	1469.70	115.75	793.11	87.43	373.16
160	152.43	1489.70	115.75	813.11	87.43	393.16
180	152.43	1509.70	115.75	833.11	87.43	413.16
200	152.43	1529.70	115.75	853.11	87.43	433.16

根据表9.4的数值计算结果可知，在每一初始状态处，系统的最优订购量不受碳配额的影响，而随着碳配额的增加，系统的期望利润呈现上升趋势，即期望利润与碳配额具有正相关关系，这是因为碳配额的增加，使企业碳管理成本的减少，从而提高企业所获得的利润。可见，碳配额对系统的期望利润产生重要的作用。

9.3.4 碳排放参数对模型最优解的影响

在给定碳交易价格、碳配额等模型参数值的条件下，探究碳排放量对系统的最优订购量和期望利润的影响，具体的数值结果见表9.5和表9.6。

表9.5 碳排放参数 e_1 对模型最优解的影响

模型参数	$r_k=90, c_k=60, v_k=40$		$a=200, A=-100, B=100$		$r_c=1, e_0=200, e_2=5$	
碳排放参数 e_1	$Q_k^*(1)$	$E(Q_k^*(1))$	$Q_k^*(2)$	$E(Q_k^*(2))$	$Q_k^*(3)$	$E(Q_k^*(3))$
2	152.43	2389.80	115.75	1493.10	87.43	903.20
4	152.43	2103.10	115.75	1279.70	87.43	746.52
6	152.43	1816.40	115.75	1066.40	87.43	589.84
8	152.43	1529.70	115.75	853.11	87.43	433.16

根据表9.5的数值计算结果可知，在每一初始状态处，系统的最优订购量不受碳排放参数 e_1 的影响。而随着 e_1 的增加，系统的期望利润亦呈现下趋势，即期望利润与 e_1 具有负相关关系，这是因为碳排放参 e_1 数只涉及零售商的营销活动，e_1 的增加会导致企业碳管理成本的上升，从而降低企业所获得的利润。可见，碳排放参数 e_1 对系统的期望利润也产生重要的作用。

表9.6 碳排放参数 e_2 对模型最优解的影响

模型参数	$r_k=90, c_k=60, v_k=40$		$a=200, A=-100, B=100$		$r_c=1, e_0=200, e_1=8$	
碳排放参数 e_2	$Q_k^*(1)$	$E(Q_k^*(1))$	$Q_k^*(2)$	$E(Q_k^*(2))$	$Q_k^*(3)$	$E(Q_k^*(3))$
1	160.99	1691.50	124.31	1005.40	95.99	570.70
2	158.72	1649.3	122.04	965.49	93.72	534.46

续上表

模型参数	$r_k=90, c_k=60, v_k=40$		$a=200, A=-100, B=100$		$r_c=1, e_0=200, e_1=8$	
3	156.55	1608.20	119.87	926.83	91.55	499.50
4	154.45	1568.40	117.77	889.38	89.45	465.74
5	152.43	1529.70	115.75	853.11	87.43	433.16

由表 9.6 的数值计算结果可知，在每一初始状态处，随着碳排放参数 e_2 的增加，系统的最优期望订购量和期望利润均呈现下降趋势，即最优期望订购量和期望利润都与碳排放参数 e_2 具有负相关关系。可见，碳排放量 e_2 对系统的最优期望订购量和期望利润也具有冲击效应。

9.3.5 不完备质量下系统的平稳性分析

由于产品质量水平对产品消费需求具有重要的牵引作用，其随机波动性诱导的周期涟漪效应必在库存系统的决策机理中展现。如何描述产品质量水平的周期涟漪效应对系统决策的影响？这里假设某产品的供应商有甲、乙、丙等 3 家，这 3 家供应商的产品质量水平都具有 3 个状态，其一步状态转移矩阵见表 9.7。将选取的模型参数和表 9.2 中的相关数据，代入式 (9.3)，可得产品质量水平的周期涟漪效应下系统处于不同初始状态时多个周期的最优订购量，具体的数值结果见表 9.7。

表 9.7 不同供应商的产品质量水平对模型的最优解的影响

参数值	$r_k=90, c_k=60, v_k=40$			$a=200, A=-100, B=100$			$r_c=1, e_0=200, e_1=8, e_2=5$		
供应商	甲			乙			丙		
转移概率矩阵	0.10	0.35	0.55	0.50	0.30	0.20	0.40	0.30	0.30
	0.10	0.35	0.55	0.30	0.50	0.20	0.00	0.00	1.00
	0.10	0.35	0.55	0.20	0.50	0.30	0.00	1.00	0.00
周期 k	$Q_k^*(1)$	$Q_k^*(2)$	$Q_k^*(3)$	$Q_k^*(1)$	$Q_k^*(2)$	$Q_k^*(3)$	$Q_k^*(1)$	$Q_k^*(2)$	$Q_k^*(3)$
1	100.75	100.75	100.75	152.43	132.43	119.09	139.09	75.75	109.09
2	100.75	100.75	100.75	139.75	135.75	132.43	111.09	109.09	75.75

续上表

参数值	$r_k=90, c_k=60, v_k=40$			$a=200, A=-100, B=100$			$r_c=1, e_0=200, e_1=8, e_2=5$		
3	100.75	100.75	100.75	137.09	136.29	135.55	99.89	75.75	109.09
4	100.75	100.75	100.75	136.55	136.39	136.23	95.41	109.09	75.75
5	100.75	100.75	100.75	136.43	136.41	136.37	93.61	75.75	109.09
6	100.75	100.75	100.75	136.41	136.41	136.39	92.91	109.09	75.75
7	100.75	100.75	100.75	136.41	136.41	136.41	92.61	75.75	109.09
8	100.75	100.75	100.75	136.41	136.41	136.41	92.49	109.09	775.75
9	100.75	100.75	100.75	136.41	136.41	136.41	92.45	75.75	109.09
10	100.75	100.75	100.75	136.41	136.41	136.41	92.43	109.09	75.75

表9.7给出各供应商的产品质量水平处于不同状态时的最优策略及其变化态势。在产品质量水平波动的统计结构下，甲供应商处从第一周期起各个初始状态下的最优订购量保持平稳的水平，其平稳值为100.75。对乙供应商而言，初始状态1处的最优订购量随着周期数的增加呈现由降转稳的趋势，于第6周期达到平稳值136.41；其他两状态处的情形恰好相反，即系统的最优订购量随着周期数的增加呈现上升向稳的趋势，但到达平稳时间节点有差异，初始状态2和初始状态3处的最优订购量达到平稳时间节点分别为第5周期和第7周期，平稳值均为136.41。由甲和乙的产品质量水平的状态转移矩阵可知，甲和乙的产品质量随机过程均是不可约的遍历马尔可夫链，因而甲和乙的产品质量水平经过若干周期后将达到平稳状态。关于丙供应商的情形，初始状态1处的最优订购量随着周期数增大而出现下降的态势，初始状态2处的最优订购量随着周期数增大呈现"低-高"交叉波动的特征，而初始状态3与初始状态2正好具有相反的运动属性，即随着周期数增大呈现"高-低"交叉波动的特征。由此可见，决策者可通过挖掘各供应商的产品质量信息的统计数据，构建相应的决策信息数据链及其镜像，以预判各供应商的产品质量水平的波动态势，从而作出符合预期的货源选择。

9.4 本章小结

产品质量水平是供应链企业非常重要的管理标杆，在提升企业的品牌声誉和经济效益方面具有重大的战略管理意义。但是供应链企业的运作与管理通常受到内外环境中各种随机因素的扰动，给相关企业的产品质量水平带来冲击。此外，人们愈发注重低碳环保的生活方式。因此，本章在假设产品消费需求为产品质量水平敏感的情形下，将产品质量水平的周期波动视为一随机过程，并借助随机过程的理论方法，构建了考虑产品质量水平和碳交易机制下的库存决策模型。基于该模型计算出不同初始状态下的未来多个周期的最优订购量和期望利润，并与不完备质量下的报童模型进行了比较分析，同时还研究产品质量涟漪效应、碳交易价格等参数对模型最优解的影响。本章的研究结果表明，不完备质量和碳交易机制下的最优订购量不超过不完备质量下的最优订购量；碳配额和碳排放量 e_1 均不影响系统的最优订购量，只影响系统的收益，但影响收益效果存在差异，碳配额越高，相应的收益越多，而碳排放量 e_1 越大，相应的收益越少；碳交易价格和碳排放量 e_2 均影响系统的最优订购量和期望利润。可见，碳交易机制对企业的经营活动起到了约束作用，部门管理者在考虑社会经济和科学技术发展现状下，应采取合适的碳交易政策，促进企业的低碳经营和收益的提升。另外，产品质量水平的周期波动效应对零售企业的最优策略亦具有重要的影响，当产品质量过程满足不可约性和遍历性时，随机库存系统在任一初始状态下，其最优订购量都将逐步趋于平稳。因此，决策者可通过供应商产品质量水平的统计属性设计相应的订购策略，以期达到规避损失风险的运营目的。

第 10 章 不完备质量和促销努力下的风险厌恶库存决策模型

10.1 引　　言

据 2024 年 2 月 1 日中国消费者协会公布的数据，2023 年全国消协组织共受理消费者投诉约 132.85 万件，同比增长 15.33%，其中质量问题占 19.98%。另据国家市场监督管理总局发布的 2024 年 2 月汽车召回月度汇总可知，由于车辆燃油泵的叶轮变形、排气歧管异常震动等，2024 年 2 月共有 11 家汽车生产企业向家市场监督管理总局备案召回计划，宣布召回共计 46.98 万辆汽车。因此，产品的质量问题日益受到社会舆情的持续关注。于是，产品质量的不完备性（质量存在缺陷）日渐成为供应链运作与管理中的研究热点。在实践中，产品质量的随机波动性所诱发出来的冲击效应，除了对库存系统中的需求侧产生扰动，还对决策者的风险偏好带来影响。为此，本章在产品质量水平的涟漪效应下，研究带有风险厌恶型的库存决策问题，进而给出相应的最优订购策略。

针对不完备质量下的库存系统优化和控制问题的研究成果，可见前面各章节所述。本章只关注风险厌恶下的库存决策问题的相关研究。目前，学术界通常以期望效用法、均值-风险法、风险价值法（VaR 准则）、条件风险价值法（CVaR 准则）等风险度量方法为导向，进而在报童模型的理论框架上拓展了相关领域的研究。Baruch 和 Joseph（2005）运用期望效用最大化的风险度量方法，探究了风险规避型报童模型的最优解。Choi 和 Ruszczyński（2011）采用指数型效用函数作为风险度量方法，刻画了决策者的风险厌恶程度，在此基础上构建了多产品库存决策模型。曹兵兵等（2017）在温度敏感型产品市场需求依赖于温度的假设下，通过分析零售商的损失规避行为对零售商效用的影响，建立了基于零售商期望效用最大化的产品定价与订货联合决策模型，进一步给出了零售商的最优价格和最优订货量。代建生和陈瑞佳（2021）在资金约束和损失规避的情形下，研究了零售商的订购和广告协同决策问题，并求解得出资金充足等三种情形下的最优运营策略。张锦曦等（2021）通过分析二维的消费者异质性对企业的质量和库存决策的影响，构建了一个三阶段的斯坦伯格主从博弈模型。Zhuo 等（2018）运用均值 - 方差方法，研究了基于期权合约的两级供应链的协调问题。Rubio-Herrero 等（2020）在市场需求是价格依赖的条件下，使用销售损失率弹性和均值方差法，建立了单产品、单周期报童问题的订购与定价联合决策模型。黎俊和王曙明（2022）针对部分需求信息被库存水平所截断的情形，通过将库存状态信息引入需求分布不确定集，构建了基于均值 - 方差法的两类模型，并给出这些模型的闭式解。柏庆国和徐健腾（2019）考虑由一个风险厌恶型制造商和一个风险厌恶型零售商组成的二级供应链，分别建立基于低碳减排约束的零售商为主导者和制造商为主导者的供应链决策模型，并利用均值方差方法求解两类模型的博弈均衡策略。刘春怡等（2021）考虑制造商、零售商和回收商面对市场需求不确定性表现出不同的风险态度，研究制造商资金约束下闭环供应链的最优定价与回收决策问题，运用均值 - 方差法，分别构建了基于博弈论的分散式决策和集中式决策闭环供应链的决策优化模型。彭承琪等（2023）考虑由风险中性制造商与风险厌恶零售商组成的绿色供应链，利用 Stackelberg 博弈理论与均值 - 方差方法，研究绿色供应链承担企业社会责任的合作策略。上述文献在期望效用法与均值 - 风险法的条件下，对库存决策问题进行拓展性研究，相关成果进一步丰富和完善了库存系统的决策理论和方法。

一些学者研究了风险价值法（VaR 准则）下的库存决策问题。Tapiero（2005）研究了基于风险价值（VaR）方法的库存模型。Özler 等（2009）采用 VaR 准则研究了带有风险厌恶的多产品报童问题，给出模型的解的存在性条件，并进一步通过数学规划法导出了模型的最优解。朱传波等（2014）研究了由一个风险中性供应商和一个风险规避零售商构成的报童问题，构建了风险价值度量准则下的风险厌恶报童模型，并分析了零售商的风险规避系数等风险因子组合对零售商订货策略的影响。王田和郑重（2022）通过采用经典的风险指标刻画供应商的风险厌恶程度，建立基于产能不确定性的斯坦伯格顺序博弈模型，给出了供应商批发价在 VaR 约束下的理论上下界。然而，VaR 准则虽在信息解读上具有通俗、简练等优点，但在理论设计上存在不满足一致性风险测量的局限性。比较之下，CVaR 准则未基于效益变量的分布情况做出相应的假设，而且具有次凸性、可加性、正齐次性、平移不变性等诸多优越性，同时还可以刻画一定置信水平下超过 VaR 值的尾部风险信息。因此，CVaR 准则在供应链领域中受到广泛的关注和应用。许民利和李展（2013）通过探讨风险态度、现实约束对决策行为的影响，构建了基于 CVaR 准则的价格-订单量决策模型，研究表明，条件风险价值对损失约束的敏感程度更高。高婷等（2016）运用 CVaR 准则，研究需求依赖于库存水平下的风险规避型零售商的最优订货决策问题。邱若臻等（2020）考虑供需两侧不确定性，运用 CVaR 准则对库存绩效进行度量，建立了具有风险厌恶的零售商库存优化模型。周赛玉等（2020）研究成本和需求随机变化且相关联下的报童决策问题，采用 Copula 函数和 CVaR 准则构建了相应的风险厌恶报童模型，并证明了模型解的存在性和唯一性。王志宏等（2023）构建基于预售融资和银行融资组合策略的风险规避供应链的 Stackelberg 博弈模型，并求解得到制造商的最优预售折扣比例和生产量，以及零售商的最优预购量。王道平等（2023）考虑部分消费者对应用区块链技术信息披露敏感，运用 CVaR 风险度量准则构建融资模型，并给出均衡状态下供应链最优批发价、订货量和区块链技术应用程度决策，研究结果表明，区块链供应链融资模式下获得的收益恒大于传统供应链融资模式。唐振宇等（2019）考虑在途损耗对产品数量的影响与保鲜投入对产品新鲜度的影响，运用 CVaR 准则探究了零售商的风险规避程度对供应链决策的影响及期权契约协调机制。

  关于销售努力下的库存决策问题，一些学者进行了拓展性的研究。禹海波（2014）通过应用概率论中的随机比较方法，研究风险偏好和需求不确定性下的库存和销售努力决策问题，并在随机占优的意义下，给出系统的最优利润和努力水平的充分条件或充分必要条件。张超和张鹏（2016）基于零售商过度自信的视角，研究了市场需求随机且受零售商努力行为影响下的库存决策问题，并分析了过度自信零售商与理性零售商在最优订货量和最优销售努力水平上的偏差。代建生和谢梦萍（2016）在零售商实施销售努力影响市场需求和允许二次订货的假设下，运用 CVaR 准则构建了风险规避型报童模型，比较分析了一次订货和二次订货两种订货模式下零售商最优决策的差异。邓杰和王宇（2023）基于零售商的销售努力，研究了一类风险规避与模糊规避报童问题，通过运用最坏情况条件风险值方法构建了决策模型，并推导出零售商订货量及努力水平的最优决策。

  综上所述，在关于风险规避和销售努力情形下的供应链库存决策模型的研究中，较少文献将需求与质量水平随机波动之间的关联性、销售商努力程度和风险规避等因素纳入供应链库存决策模型的基础框架，以拓展模型理论及其在实际问题中的应用。为此，本章在上述文献的研究成果上，考虑产品质量水平的波动性和促销努力程度对产品消费需求的影响，建立基于CVaR准则的风险规避型零售商的库存决策模型，最后对模型的最优解进行数值算例分析。

10.2 模型的构建

10.2.1 模型描述和符号说明

本章以经典的报童模型为基本框架，考虑单一产品的两级供应链的多周期的风险规避库存模型，零售商是风险厌恶的，且为了提高产品的消费需求，零售商会投入促销活动方面的努力。在销售季节初，为了满足产品消费需求，风险规避型零售商以单位成本 c 向供应商提前订购一批产品，在销售季节开始后，以零售价格 r 出售给消费者。假设产品消费需求具有随机性，而且受到产品质量水平与销售努力程度的影响，这里取产品消费需求为 $X(\cdot) = ag(\cdot) + \alpha e + \varepsilon$，其中，$g(\cdot)$ 为单调递减的产品质量敏感函数，$a > 0$，e 是销售努力水平，α 是产品消费需求对零售商销售努力的敏感系数，需求调节因子 ε 是 $[0, +\infty)$ 上的随机变量，概率密度函数和累积分布函数分别为 $f_\varepsilon(x)$ 和 $F_\varepsilon(x)$。设销售商促销努力的成本设为 $C(e)$，其满足边际成本递增的条件。在销售季节结束后，产品订购量过多可能会出现存货，剩余产品将以单位残值 v 进行处理。一般情形下，零售商的单位产品订货成本通常低于其零售价格，但远高于其单位剩余产品的残值，即 $r \gg c$。由于供应商的产品质量水平受内外部环境中随机因素的影响，其诱导的周期涟漪效应使之演变成一随机过程，进而影响系统的市场需求。接下来本章在上述模型假设的基础上，运用CVaR准则来刻画零售商的风险厌恶行为，建立相应的随机库存决策模型，求解得出风险规避型零售商的最优订购策略，并探究该库存系统绩效。决策模型所涉及的变量符号及其说明见表10.1。

表 10.1 决策模型的相关参数说明

符号	含义
$\{Y_k, k \geq 0\}$	产品质量水平波动形成的随机过程,即产品质量随机过程
$S = \{1, 2, \cdots, M\}$	产品质量随机过程的状态集,状态取值越大,相应的质量水平越低
$X_k(j)$	第 k 周期产品质量水平处于状态 j 的产品销售需求
$f_\varepsilon(\cdot), F_\varepsilon(\cdot)$	ε 的概率密度和分布函数
a	产品最大需求
r_k	第 k 周期的零售价格
c_k	第 k 周期的订货单价
v_k	第 k 周期剩余产品的单位残值
e	零售商的销售努力水平
α	产品消费需求对零售商销售努力的敏感系数
$C_k(e)$	第 k 周期促销努力成本
$Q_k(j\|i)$	当产品质量水平由转态 i 转移到 j 时,第 k 周期的订购量
η	零售商的风险规避系数

10.2.2 构建不完备质量与促销努力下的风险厌恶库存决策模型

根据本章的假设与参数说明,由传统的报童模型可知,当质量水平由初始状态 i 出发历经 k 个周期后到达 j 时,零售商的销售利润为

$$\pi(Q_k(j|i)) = (r_k - c_k)Q_k(j|i)(r_k - v_k)[Q_k(j|i) - X_k(j)]^+ - C_k(e)$$
(10.1)

式中,$(r_k - c_k)Q_k(i)(r_k - v_k)[Q_k(i) - X_k(j)]^+$ 表示零售商在商品市场上获得的利润,$C_k(e)$ 表示零售商的促销努力成本。前者含有产品质量水平的状态信息,反映了产品质量水平的状态属性对零售商决策机制的影响机理;后者含有零售商促销努力信息,亦能反映出零售商销售努力水平对系统收益的约束作用。

为了探讨不完备质量下的风险规避库存决策模型，现采用条件风险价值（CVaR 准则）方法来刻画零售商的风险厌恶程度。条件风险价值（$CVaR$ 准则）方法的定义见式(5.1)，其中，η 表示零售商的风险容忍程度，其取值越大，零售商的风险厌恶程度就越低，当 $\eta = 1$ 时零售商保持风险中性。于是，当质量水平由初始状态 i 出发历经 k 个周期后到达 j 时，零售商的决策模型为

$$\max_{Q_k \in (j|i)} CVaR_\eta(\pi_k(Q_k(j|i))) = \max_{Q_k \in (j|i)} \max_{\varphi \in \mathbf{R}} \left\{ \varphi - \frac{1}{\eta} E(\varphi - \pi_k(Q_k(j|i)))^+ \right\}$$
(10.2)

式(10.2)中的风险厌恶因子 η 反映零售商的风险容忍程度，其取值越大，零售商的风险厌恶程度就越低，当 $\eta = 1$ 时零售商将保持风险中性，此时本决策模型等价风险中性模型。本模型的主要贡献在于充分考虑了由产品质量的不完备性和零售商促销努力程度所诱发的联动效应对零售商的决策行为产生扰动性的影响。

10.2.3 零售商的最优期望订购量和总期望利润准则

记 $\boldsymbol{P} = (p_{ij}(k))_{S \times S}$，其中，$p_{ij}(k) = p(Y_k = j | Y_0 = i)$，表示当产品质量水平由初始状态 i 历经 k 个周期后到达 j 时的概率，通常将 $\boldsymbol{P} = (p_{ij}(k))_{S \times S}$ 称为 k 步状态转移概率矩阵。记 $\boldsymbol{Q}_k(i) = (Q_k(1|i), Q_k(2|i), \cdots, Q_k(M|i))$，其表示第 k 周期的产品质量水平处于不同状态下的订购量所构成的向量，简称为订购向量。本小节将在产品质量水平随机波动和促销努力下，求解得出带有风险厌恶的最优期望订购量及总期望报酬准则。

命题 10.1 设 $\{Y_k, k \geq 0\}$ 为一产品质量随机过程，产品质量水平的初始状态为 i，若产品消费需求为 $X_k(j) = ag(j) + \alpha e + \varepsilon$，则零售商在第 k 个周期的最优期望订购量为

$$\overline{Q}_k^*(i) = \sum_{j \in S} p_{ij}(k) Q_k^*(j|i) \tag{10.3}$$

其中，

$$Q_k^*(j|i) = F_\varepsilon^{-1}\left(\eta \frac{r_k - c_k}{r_k - v_k} \right) + ag(j) + \alpha e \tag{10.4}$$

证明： 当质量水平由初始状态 i 出发历经 k 个周期后到达 j 时，零售商的条件风险价值为

第 10 章 不完备质量和促销努力下的风险厌恶库存决策模型

$$CVaR_\eta(\pi_k(Q_k(j|j))) = \underset{\varphi \in \mathbf{R}}{\text{Max}}\left\{\varphi - \frac{1}{\eta}E(\varphi - \pi_k(Q_k(j|j)))^+\right\} \quad (A.1)$$

因为 $\{Y_k, k \geq 0\}$ 是一产品质量随机过程，其状态集为 $S = \{1, 2, \cdots, M\}$，所以当 j 取遍集合 S 中的所有状态值时，就得到第 k 周期的期望条件风险价值，即

$$E(CVaR_\eta(\pi_k(Q_k(j|j)))) = \sum_{j=1}^{M} p_{ij}(k) CVaR_\eta(\pi_k(Q_k(j|j))) \quad (A.2)$$

下面先求解式（A.1）。为了方便起见，令 $h(Q_k(j|j), \varphi) = \varphi - \frac{1}{\eta} \cdot E(\varphi - \pi_k(Q_k(j|j)))^+$，则有

$$h(Q_k(j|j), \varphi) = \varphi - \frac{1}{\eta}E(\varphi - \pi_k(Q_k(j|j)))^+$$

$$= \varphi - \frac{1}{\eta}\int_0^{+\infty}\left\{\varphi - (r_k - c_k)Q_k(j|i) + (r_k - v_k)[Q_k(j|i) - ag(j) - \alpha e - x]^+ + C_k(e)\right\}^+ f_\varepsilon(x)dx$$

$$= \varphi - \frac{1}{\eta}\int_0^{Q_k(j|i) - ag(j) - \alpha e}\left\{\varphi - (r_k - c_k)Q_k(j|i) + (r_k - v_k)[Q_k(j|i) - ag(j) - \alpha e - x] + C_k(e)\right\}^+ f_\varepsilon(x)dx - \frac{1}{\eta}\int_{Q_k(j|i) - ag(j) - \alpha e}^{+\infty}[\varphi - (r_k - c_k)Q_k(j|i) + C_k(e)]^+ f_\varepsilon(x)dx$$

$$= \varphi - \frac{1}{\eta}\int_0^{Q_k(j|i) - ag(j) - \alpha e}\left\{\varphi + (c_k - v_k)Q_k(j|i) - [(r_k - v_k)(ag(j) + \alpha e + x)] + C_k(e)\right\}^+ f_\varepsilon(x)dx - \frac{1}{\eta}\int_{Q_k(j|i) - ag(j) - \alpha e}^{+\infty}[\varphi - (r_k - c_k)Q_k(j|i) + C_k(e)]^+ f_\varepsilon(x)dx$$

记 $\lambda_1 = (v_k - c_k)Q_k(j|i) - C_k(e)$，$\lambda_2 = (r_k - c_k)Q_k(j|i) - C_k(e)$。以下分三种情形来讨论式（A.1）的最优解：

（1）当 $\varphi \leq \lambda_1$ 时，有 $h(Q_k(j|j), \varphi) = \varphi$。此时，$h(Q_k(j|j), \varphi)$ 关于 φ 的一阶导数为 1。

（2）当 $\lambda_1 < \varphi \leq \lambda_2$ 时，有

$$h(Q_k(j|i), \varphi) = \varphi - \frac{1}{\eta}\int_0^{\frac{\varphi - \lambda_2}{r_k - v_k} + Q_k(j|i) - ag(j) - \alpha e}\left\{\varphi + (c_k - v_k)Q_k(j|i) - (r_k - v_k)[ag(j) + \alpha e + x] + C_k(e)\right\} f_\varepsilon(x)dx$$

因此，$h(Q_k(j|j), \varphi)$ 关于 φ 的一阶导数为

$$\frac{dh(Q_k(j|i), \varphi)}{d\varphi} = 1 - \frac{1}{\eta}F_\varepsilon\left(\frac{\varphi - \lambda_2}{r_k - v_k} + Q_k(j|i) - ag(j) - \alpha e\right)$$

从而有

$$\left.\frac{dh(Q_k(j|i),\varphi)}{d\varphi}\right|_{\varphi=\lambda_1} = 1 - \frac{1}{\eta}F_\varepsilon(-ag(j)-\alpha e) = 1$$

$$\left.\frac{dh(Q_k(j|i),\varphi)}{d\varphi}\right|_{\varphi=\lambda_1} = 1 - \frac{1}{\eta}F_\varepsilon(Q_k(j|i)-ag(j)-\alpha e)$$

(3) 当 $\varphi > \lambda_2$ 时,有

$$h(Q_k(j|i),\varphi) = \varphi - \frac{1}{\eta}\int_0^{Q_k(j|i)-ag(j)-\alpha e}\{\varphi + (c_k-v_k)Q_k(j|i) - (r_k-v_k)[ag(j)+\alpha e+x] + C_k(e)\}f_\varepsilon(x)dx - \frac{1}{\eta}\int_{Q_k(j|i)-ag(j)-\alpha e}^{+\infty}[\varphi - (r_k-c_k)Q_k(j|i) + C_k(e)]f_\varepsilon(x)dx$$

因此,

$$\frac{dh(Q_k(j|i),\varphi)}{d\varphi} = 1 - \frac{1}{\eta}F_\varepsilon(Q_k(j|i)-ag(j)-\alpha e) - \frac{1}{\eta}[1 - F_\varepsilon(Q_k(j|i)-ag(j)-\alpha e)]$$

$$= 1 - \frac{1}{\eta}$$

由于 $\eta \in (0,1]$,故当 $\eta \neq 1$ 时,有 $\dfrac{dh(Q_k(j|i),\varphi)}{d\varphi} = 1 - \dfrac{1}{\eta} < 0$。

综上所述,式(A.1)的最优解 φ^* 与 $\left.\dfrac{dh(Q_k(j|i),\varphi)}{d\varphi}\right|_{\varphi=\lambda_1} = 1 - \dfrac{1}{\eta}$·

$F_\varepsilon(Q_k(j|i)-ag(j)-\alpha e)$ 的取值有关。当 $1 - \dfrac{1}{\eta}F_\varepsilon(Q_k(j|i)-ag(j)-\alpha e) < 0$,即 $Q_k(j|i) > F_\varepsilon^{-1}(\eta) + ag(j) + \alpha e$ 时,有 $\varphi^* \in (\lambda_1, \lambda_2)$,且

$$\left.\frac{dh(Q_k(j|i),\varphi)}{d\varphi}\right|_{\varphi=\varphi^*} = 1 - \frac{1}{\eta}F_\varepsilon\left(\frac{\varphi^*-\lambda_2}{r_k-v_k} + Q_k(j|i) - ag(j) - \alpha e\right) = 0$$

即 $F_\varepsilon^{-1}(\eta) = \dfrac{\varphi^*-\lambda_2}{r_k-v_k} + Q_k(j|i) - ag(j) - \alpha e$,从而有

$$CVaR_\eta(\pi_k(Q_k(j|j))) = h(Q_k(j|i),\varphi^*)$$

$$= \frac{r_k-v_k}{\eta}\int_0^{F_\varepsilon^{-1}(\eta)}xf_\varepsilon(x)dx - (C_k-v_k)Q_k(j|i) + (r_k-v_k)[ag(j)+\alpha e] - C_k(e)$$

当 $1-\dfrac{1}{\eta}F_\varepsilon(Q_k(j|i)-ag(j)-\alpha e)\geqslant 0$,即 $Q_k(j|i)\leqslant F_\varepsilon^{-1}(\eta)+ag(j)+\alpha e$ 时,有 $\varphi^*=\lambda_2$。此时,有

$$CVaR_\eta(\pi_k(Q_k(j|j)))=h(Q_k(j|i),\varphi^*)$$
$$=(r_k-c_k)Q_k(j|i)-\frac{r_k-v_k}{\eta}[Q_k(j|i)-ag(j)-\alpha e]\cdot$$
$$F_\varepsilon(Q_k(j|i)-ag(j)-\alpha e)+\frac{r_k-v_k}{\eta}\int_0^{Q_k(j|i)-ag(j)-\alpha e}xf_\varepsilon(x)\mathrm{d}x$$

接下来求式(A.2)的最优值点。式(A.2)关于 $Q_k(j|i)$ 的一阶偏导数为

$$\frac{\partial E(CVaR_\eta(\pi_k(Q_k(j|i))))}{\partial Q_k(j|i)}=p_{ij}(k)\frac{\partial(CVaR_\eta(\pi_k(Q_k(j|i))))}{\partial Q_k(j|i)}$$
$$=\begin{cases}-p_{ij}(k)(c_k-s_k),Q_k(j|i)>F_\varepsilon^{-1}(\eta_j)+ag(j)+\alpha e,\\ p_{ij}(k)[(r_k-c_k)-\dfrac{(r_k-s_k)}{\eta}F_\varepsilon(Q_k(j|i)-ag(j)-\alpha e)],Q_k(j|i)>F_\varepsilon^{-1}(\eta_j)+ag(j)+\alpha e\end{cases}$$

令 $E(CVaR_\eta(\pi_k(Q_k(j|i))))$ 的一阶偏导数为零,可得

$$Q_k^*(j|i)=F_\varepsilon^{-1}\left(\eta\frac{r_k-c_k}{r_k-v_k}\right)+ag(j)+\alpha e$$

进而有 $E(\text{CVaR}_\eta(\pi_k(Q_k(j|i))))$ 在 $Q_{k+n}^*(i)=(Q_{k+n}^*(1|i),Q_{k+n}^*(2|i),\cdots,Q_{k+n}^*(M|i))$ 处的各二阶偏导数为

$$\frac{\partial^2 E(CVaR_\eta(\pi_k(Q_k(\cdot|i))))}{\partial Q_k(j|i)\partial Q_k(l|i)}=p_{ij}(k)\frac{\partial(\text{CVaR}_\eta(\pi_k(Q_k(j|i))))}{\partial Q_k(j|i)}$$
$$=\begin{cases}0,j\neq l,\\ -p_{ij}(k)\dfrac{r_k-s_k}{\eta}f_\varepsilon(Q_k(j|i)-ag(j)-\alpha e),j=l\end{cases}$$

因此,$E(CVaR_\eta(\pi_k(Q_k(j|i))))$ 在 $Q_{k+n}^*(i)$ 处的海塞(Hessian)矩阵为负定矩阵,从而 $E(CVaR_\eta(\pi_k(Q_k(j|i))))$ 存在最优解,并且最优解为 $Q_{k+n}^*(i)=(Q_{k+n}^*(1|i),Q_{k+n}^*(2|i),\cdots,Q_{k+n}^*(M|i))$。故当 j 取遍集合 S 中的所有状态值时,就得到第 k 周期的最优期望订购量为

$$\overline{Q}_k^*(i)=\sum_{j\in S}p_{ij}(k)Q_k^*(j|i) \qquad \square$$

传统的报童模型只考虑单周期的产品质量水平及其不确定性对决策机制的影响,因而忽略了产品质量水平随机波动的时变效应。由式(10.3)和式(10.4)可知,零售商的最优订购策略受到产品质量波动过程的转移概

率矩阵、风险厌恶因子和促销努力等多重因素的扰动作用。可见，本模型对进一步完善库存系统的决策理论和方法具有一定的理论和实际意义。

在产品质量不完备和促销努力下，联合式（10.1）、式（10.3）和式（10.4）可得零售商于第 k 周期的总期望利润。

命题 10.2 设 $\{Y_k, k \geq 0\}$ 为一产品质量随机过程，产品质量水平的初始状态为 i，若产品消费需求为 $X_k(j) = ag(j) + \alpha e + \varepsilon$，则零售商于第 k 个周期所获得的总期望利润为

$$\overline{\pi}_k^*(i) = \sum_{j \in S} p_{ij}(k) E(\pi_k(Q_k^*(j|i))) \tag{10.5}$$

其中，

$$E(\pi_k(Q_k^*(j|i))) = (r_k - c_k) Q_k^*(j|i) \\ - (r_k - v_k) \int_0^{Q_k^*(j|i) - ag(j) - \alpha e} [Q_k^*(j|i) - ag(j) - \alpha e - x] f_\varepsilon(x) dx - C_k(e) \tag{10.6}$$

证明： 由式（10.1）可知，当 $Q_k^*(j|i) \geq X_k(j)$ 时，有

$$\pi_k(Q_k^*(j|i)) = (r_k - c_k) Q_k^*(j|i) - (r_k - v_k)[Q_k(i) - X_k(j)]^+ - C_k(e)$$
$$= (r_k - c_k) Q_k^*(j|i) - (r_k - v_k)[Q_k^*(j|i) - X_k(j)] - C_k(e)$$
$$= (v_k - c_k) Q_k^*(j|i) - (r_k - v_k) X_k(j) - C_k(e)$$

当 $Q_k^*(j|i) < X_k(j)$ 时，有

$$\pi_k(Q_k^*(j|i)) = (r_k - c_k) Q_k^*(j|i) - C_k(e)$$

由于产品消费需求函数为 $X_k(j) = ag(j) + \alpha e + \varepsilon$，故当产品质量水平由初始状态 i 出发历经 k 个周期后到达 j 时，销售利润函数 $\pi_k(Q_k^*(j|i))$ 的条件期望为

$$E(\pi_k(Q_k^*(j|i))) = (r_k - c_k) Q_k^*(j|i) - (r_k - v_k) E((Q_k^*(j|i) - X_k(j))^+) - C_k(e)$$
$$= (r_k - c_k) Q_k^*(j|i) - (r_k - v_k) E((Q_k^*(j|i) - X_k(j))^+) - C_k(e)$$
$$= (r_k - c_k) Q_k^*(j|i) - (r_k - v_k) \int_0^{Q_k^*(j|i) - ag(j) - \alpha e} [Q_k^*(j|i) - ag(j) - \alpha e - x] f_\varepsilon(x) dx - C_k(e)$$

因为随机过程 $\{Y_k, k \geq 0\}$ 的状态集为 $S = \{1, 2, \cdots, M\}$，所以由初始状态 i 出发历经 k 个周期后，产品质量水平所处于的状态有 M 可能，因而有

$$\overline{\pi}_k^*(i) = \sum_{j \in S} p_{ij}(k) E(\pi_k(Q_k^*(j|i))) \qquad \square$$

由式（10.3）和式（10.4）可得零售商的最优期望订购量 $\overline{Q}_k^*(i)$ 与销售努力水平 e、促销努力敏感系数 α 的关系。

第 10 章 不完备质量和促销努力下的风险厌恶库存决策模型

命题 10.3 设 $\{Y_k, k \geq 0\}$ 为一产品质量随机过程,产品质量水平的初始状态为 i,若产品消费需求为 $X_k(j) = ag(j) + \alpha e + \varepsilon$,则 $\overline{Q}_k^*(i)$ 是 e 和 α 的单调增函数。

证明:略。

命题 10.3 的结论说明,最优订购量 $\overline{Q}_k^*(i)$ 与销售努力水平 e、促销努力敏感系数 α 均具有正相关关系。最优期望订购量 $\overline{Q}_k^*(i)$ 与风险规避系数 η 的关系见命题 10.4。

命题 10.4 设 $\{Y_k, k \geq 0\}$ 为一产品质量随机过程,产品质量水平的初始状态为 i,若产品消费需求为 $X_k(j) = ag(j) + \alpha e + \varepsilon$,则 $\overline{Q}_k^*(i)$ 是 η 的单调增函数。

证明:记 $Z = F_\varepsilon^{-1}\left(\eta \dfrac{r_k - c_k}{r_k - v_k}\right)$,由式(10.3)和式(10.4)可知,$\overline{Q}_k^*(i)$ 关于 η 的一阶导数为

$$\frac{\mathrm{d}\overline{Q}_k^*(i)}{\mathrm{d}\eta} = \frac{1}{f_\varepsilon(Z)} \cdot \frac{r_k - c_k}{r_k - v_k}$$

显然,$\overline{Q}_k^*(i)$ 关于 η 的一阶导数大于零。所以,$\overline{Q}_k^*(i)$ 是 η 的单调增函数。 □

命题 10.1 和命题 10.2 的结论表明,零售商的最优期望订购量和总期望利润曲线的运动趋势与产品质量水平的随机波动性具有关联性。一般情形下,零售商在经营收益方面具有底线思维,即明确所获得的利润的下限值。因此,当库存系统处于不同的初始状态时,总期望利润的下行曲线具有哪些演变特征是零售商所关注的问题。为此,下面将运用马尔可夫链的一些基本理论来分析系统决策绩效的鲁棒性问题。

设 π_0 为零售商所设置的最低利润值,那么零售商在产品质量水平处于初始状态 i 时,经过 k 个周期后的利润低于 π_0 的期望偏度为

$$\overline{\Omega}_k^*(i) = \sum_{j \in S} p_{ij}(k) E(\pi_k(Q_k^*(j|i)) - \pi_0)^- \tag{10.7}$$

命题 10.5 设 $\{Y_k, k \geq 0\}$ 为一产品质量随机过程,产品质量水平的初始状态为 i,r_k、c_k、v_k、e 和 α 均为常值,若 ε 是 $[A, B]$ 上的连续型随机变量,且 $\{Y_k, k \geq 0\}$ 是不可约的遍历马尔可夫链,则当 k 充分大时,有

$$\overline{\Omega}_k^*(i) \approx \sum_{j \in S} \pi_j E(\pi_k(Q_k^*(j|i)) - \pi_0)^- \tag{10.8}$$

证明:因为 $\{Y_k, k \geq 0\}$ 是不可约的遍历马尔可夫链,所以 $\{Y_k, k \geq 0\}$ 存在唯一的平稳分布 $\pi_1, \pi_2, \cdots, \pi_M$,使 $\pi_j = \lim\limits_{k \to \infty} p_{ij}(k)$。于是 $k \to \infty$,当时,由

式 10.7），得

$$\lim_{k \to +\infty} \overline{\Omega}_k^*(i) = \sum_{j \in S} \pi_j E(\pi_k(Q_k^*(j|i)) - \pi_0)^-$$

因此，当 k 充分大时，有

$$\overline{\Omega}_k^*(i) \approx \sum_{j \in S} \pi_j E(\pi_k(Q_k^*(j|i)) - \pi_0)^- \qquad \Box$$

在具体的企业运营活动中，产品质量水平的随机涟漪效应加大了库存系统风险源的可控性的难度。因此，决策者可根据产品质量水平随机波动性的统计数据，挖掘库存系统的产品质量水平状态集中状态的属性及其相应的趋势值，从中预估库存系统长期运作效益的下行风险性。

10.3 数值算例分析

本节通过具体的算例给出促销努力和不完备质量下的最优期望订购量与总期望利润，进而分析产品质量水平随机波动性和促销参数对最优订购量和最优期望利润的影响。为了便于模型的数值分析，这里假设产品质量波动过程 $\{Y_k, k \geq 0\}$ 是马尔可夫链，其状态集为 $S = \{1, 2, 3\}$，且一步状态转移概率矩阵为

$$\boldsymbol{P} = (p_{ij})_{S \times S} = \begin{pmatrix} 0.55 & 0.40 & 0.05 \\ 0.60 & 0.38 & 0.02 \\ 0.15 & 0.55 & 0.30 \end{pmatrix}$$

同时，假设产品质量敏感函数为 $g(j) = j^{-1}$，需求调节因子 ε 服从 $[0, B]$ 上的均匀分布，促销努力的成本函数为 $C_k(e) = \beta \cdot e^2$，$\beta > 0$。

10.3.1 不同质量水平状态下模型的最优解

现将选取的模型参数分别代入式（10.3）至式（10.6），可得库存系统在不同产品质量水平状态下的最优期望订购量与总期望利润，具体的计算结果见表 10.2。

表 10.2　不同质量水平状态下模型的最优期望订购量与总期望利润

模型参数	$r_k=90, c_k=60, v_k=40$		$a=200, B=5, \eta=0.5$		$\alpha=10, e=0.6, \beta=20$	
周期 k	$\overline{Q}_k^*(1)$	$\overline{\pi}_k^*(1)$	$\overline{Q}_k^*(2)$	$\overline{\pi}_k^*(2)$	$\overline{Q}_k^*(3)$	$\overline{\pi}_k^*(3)$
1	160.83	4806.6	166.83	4986.6	112.50	3356.6
2	160.82	4806.1	162.15	4846.0	149.63	4470.6
3	160.79	4805.3	161.10	4814.6	158.19	4727.4
4	160.78	4805.1	160.86	4807.2	160.18	4787.0
5	160.78	4805.1	160.80	4805.6	160.64	4800.9

由表 10.2 的数值计算结果可知,在一定的模型参数下,不同初始状态处的最优期望订购量和总期望利润均表现出差异性。此外,每一初始状态处的最优期望订购量和总期望利润随周期变化而变化。潜在的原因是产品质量水平的随机波动性所诱导的冲击效应。由此可见,零售商的最优期望订购量和总期望利润受到产品质量水平的影响。因此,零售商可根据实际情况确定产品质量水平的统计特征,结合本章模型建立系统的期望绩效镜像,从中映射出最优策略的参考依据。

10.3.2 促销努力参数对零售商最优决策及其绩效的影响

为了分析促销努力参数对零售商的最优策略及其总期望利润的影响,令促销努力敏感系数 $\alpha=\{2,4,6,8,10\}$,促销努力水平 $e=\{0.2,0.4,0.6,0.8,1\}$,同时模型的其他参数值固定不变,通过计算式(10.3)至式(10.6),分别得到零售商在不同促销努力参数下的最优决策与相应的绩效,具体的计算结果见表 10.3 和表 10.4。

表 10.3　促销努力敏感系数对零售商决策与利润的影响

模型参数	$r_k=90, c_k=60, v_k=40$		$a=200, B=5, \eta=0.5$		$e=0.6, \beta=20$	
敏感系数 α	$\overline{Q}_1^*(1)$	$\overline{\pi}_1^*(1)$	$\overline{Q}_1^*(2)$	$\overline{\pi}_1^*(2)$	$\overline{Q}_1^*(3)$	$\overline{\pi}_1^*(3)$
2	156.03	4662.6	162.03	4842.6	107.70	3212.6
4	157.23	4698.6	163.23	4878.6	108.90	3248.6

续上表

模型参数	$r_k=90, c_k=60, v_k=40$		$a=200, B=5, \eta=0.5$		$e=0.6, \beta=20$	
6	158.43	4734.6	164.43	4914.6	110.10	3284.6
8	159.63	4770.6	165.63	4950.6	111.30	3320.6
10	160.83	4806.6	166.83	4986.6	112.50	3356.6

表10.4 促销努力水平对零售商决策与利润的影响

模型参数	$r_k=90, c_k=60, v_k=40$		$a=200, B=5, \eta=0.5$		$\alpha=10, \beta=20$	
努力水平 e	$\overline{Q}_1^*(1)$	$\overline{\pi}_1^*(1)$	$\overline{Q}_1^*(2)$	$\overline{\pi}_1^*(2)$	$\overline{Q}_1^*(3)$	$\overline{\pi}_1^*(3)$
0.2	156.83	4692.9	162.83	4872.9	108.50	3242.9
0.4	158.83	4750.6	164.83	4930.6	110.50	3300.6
0.6	160.83	4806.6	166.83	4986.6	112.50	3356.6
0.8	162.83	4860.9	168.83	5040.9	114.50	3410.9
1.0	164.83	4913.8	170.83	5093.8	116.50	3463.8

从表10.3的数值计算结果中可以看出，在一定的促销努力水平下，每一初始状态处零售商的最优期望订购量和总期望利润随着敏感系数 α 的增加而上升，说明此时的最优期望订购量和总期望利润与 α 正相关。由表10.4的数值计算结果可知，在一定的促销努力敏感系数下，每一初始状态处零售商的最优期望订购量和总期望利润亦随着努力水平 e 的增加而上升，这也说明了零售商的最优期望订购量和总期望利润与 e 正相关。可见，促销努力参数对系统的最优订购量和期望利润均有重要的影响。因此，决策者应建立优质的推广渠道，加强的销售人员素质提升的培训，使销售努力更有效率，从而增加更多的顾客需求，实现其经营的绩效预期。

10.3.3 风险规避系数对零售商最优决策及其绩效的影响

为了分析零售商的风险规避特性对其最优决策及其绩效的影响，令风险规避系数 $\eta=\{0.1,0.2,0.3,0.4,0.5\}$，其他参数值不变，经过计算可得零售商在不同风险规避程度下的最优决策与相应的绩效，具体的计算结果见

表 10.5。

表 10.5　风险规避系数对模型最优解的影响

模型参数	$r_k=90, c_k=60, v_k=40$		$a=200, B=5$		$\alpha=10, e=0.6, \beta=20$	
风险规避系数 η	$\overline{Q}_1^*(1)$	$\overline{\pi}_1^*(1)$	$\overline{Q}_1^*(2)$	$\overline{\pi}_1^*(2)$	$\overline{Q}_1^*(3)$	$\overline{\pi}_1^*(3)$
0.1	159.63	4781.4	165.63	4961.4	111.30	3331.4
0.2	159.93	4789.0	165.93	4969.0	111.60	3339.0
0.3	160.23	4795.8	166.23	4975.8	111.90	3345.8
0.4	160.53	4801.6	166.53	4981.6	112.20	3351.6
0.5	160.83	4806.6	166.83	4986.6	112.50	3356.6

根据表 10.5 的数值计算结果可知，在每一初始状态处，零售商的最优期望订购量随着风险规避系数 η 的增加而增多，相应的总期望利润亦随着风险规避系数 η 的增加而呈现上升趋势，即零售商的最优期望订购量及其效用均与风险规避系数具有正相关关系，这与命题 10.4 的结论一致。此外，在同一风险厌恶程度下，零售商的最优期望订购量与产品质量水平所处的初始状态值有关，说明零售商的库存决策受产品质量水平随机性的影响将趋于保守。可见，零售商在决策前应该了解自己的风险规避特性，同时更清晰地把握产品质量水平的统计属性，以便更好地给出合适的订购策略。

10.3.4　产品质量水平波动下系统的可靠性分析

由于产品质量水平波动给产品消费需求带来一定程度的冲击，故决策者应考虑产品质量水平周期波动性诱导的涟漪效应所产生的效用。如何描述描述产品质量水平的周期涟漪效应对系统决策效用的影响？为此，本小节假设某产品的供应商有甲、乙、丙等 3 家，这 3 家供应商的产品质量水平都具有 3 个状态，其一步状态转移矩阵见表 10.6。将选取的模型参数和表 10.2 中的相关数据代入式（10.7）可得，在产品质量水平的周期涟漪效应下，系统处于不同初始状态时多个周期的期望偏度，具体的数值结果见表 10.6。

表10.6 不同供应商的产品质量水平对期望偏度的影响

参数值	$r_k=90, c_k=60, v_k=40$			$a=200, B=5, \eta=0.5$			$\alpha=10, e=0.6, \beta=20$		
供应商	甲			乙			丙		
转移概率矩阵	0.70	0.28	0.02	0.20	0.30	0.50	0.30	0.60	0.10
	0.60	0.35	0.05	0.20	0.20	0.60	0.20	0.60	0.20
	0.50	0.30	0.20	0.05	0.15	0.80	0.10	0.60	0.30
周期 k	$Q_k^*(1)$	$Q_k^*(2)$	$Q_k^*(3)$	$Q_k^*(1)$	$Q_k^*(2)$	$Q_k^*(3)$	$Q_k^*(1)$	$Q_k^*(2)$	$Q_k^*(3)$
1	−6.01	−15.03	−60.10	−150.25	−180.30	−240.40	−30.05	−60.10	−90.15
2	−9.62	−11.87	−19.53	−204.34	−210.35	−226.88	−54.09	−60.10	−66.11
3	−10.45	−10.90	−12.26	−217.41	−219.06	−223.27	−58.90	−60.10	−61.30
4	−10.61	−10.70	−10.95	−220.84	−221.26	−222.35	−59.86	−60.10	−60.34
5	−10.64	−10.66	−10.70	−221.72	−221.83	−222.11	−60.05	−60.10	−60.15
6	−10.65	−10.65	−10.66	−221.95	−221.97	−222.05	−60.09	−60.10	−60.11
7	−10.65	−10.65	−10.65	−222.01	−222.01	−222.03	−60.10	−60.10	−60.10
8	−10.65	−10.65	−10.65	−222.02	−222.02	−222.03	−60.10	−60.10	−60.10
9	−10.65	−10.65	−10.65	−222.02	−222.02	−222.03	−60.10	−60.10	−60.10
10	−10.65	−10.65	−10.65	−222.03	−222.03	−222.03	−60.10	−60.10	−60.10
平稳值	−10.65	−10.65	−10.65	−222.03	−222.03	−222.03	−60.10	−60.10	−60.10

表10.6给出各供应商的产品质量水平处于不同状态时的期望偏度及其变化趋势。从中可以看出，甲供应商的产品质量水平的初始状态为1时，零售商的期望偏度呈现向负方向移动的变化趋势，并最终于第6周期达到平稳值−10.65；其他两状态处的情形恰好相反，即零售商的期望偏度随着周期数的增加呈现向正方向移动的演变趋势，并分别于第6周期和第7周期达到平稳值−10.65。乙供应商的产品质量水平的初始状态为1和初始状态2时，零售商的期望偏度都呈现向负方向移动的变化趋势，两者均于第10周期到达平稳值−222.03；而初始状态3处的情形正好相反，并于第7周期到达平稳值−222.03。关于丙供应商的情形，初始状态2处零售商的期望偏度保持恒定水平，其值为−60.1，而在初始状态1与初始状态3处，零售商的期望

偏度曲线正好具有相反的运动属性，但两者均于第 7 周期达到平稳值 −60.1。这说明，甲供应商产品质量水平的统计结构属性优于丙供应商的统计结构属性，而乙供应商产品质量水平的统计结构属性是三者中最不理想的。因此，决策者可通过挖掘各供应商的产品质量信息的统计数据，构建库存系统绩效的下行风险信息数据集及其镜像，从而预估各供应商的产品质量水平的演变趋势，依此做出符合预期的供应渠道选择。

10.4 本章小结

本章同时考虑供应商产品质量水平随机波动性、零售商的风险规避特性和促销努力程度的影响，运用 CVaR 准则度量零售商的风险规避特征和运作绩效，构建了不完备质量与促销努力下的风险厌恶库存决策模型。基于该模型计算出不同初始状态下的未来多个周期的最优订货决策及其相应的效用，同时还探讨产品质量水平随机效应、促销努力水平和风险规避特性等参数对模型最优解的影响。研究结果表明，供应商的产品质量水平的状态属性对零售商的库存决策及其效用具有显著的影响，产品质量水平的提高有助于零售商提升订货量和利润；零售商的促销努力程度和风险规避特性均影响其最优订货策略和绩效，随着促销努力程度、风险容忍度的上升，零售商都更倾向于订购更多产品来获得更高的运营绩效。此外，供应商产品质量水平的周期波动效应对零售商的库存绩效亦具有重要的影响，当产品质量水平的随机波动过程为不可约遍历马尔可夫链时，零售商的期望偏度运动曲线具有平稳趋势，说明库存系统的下行风险态势具有平稳性，否则反之。因此，决策者需要根据自身的风险规避特性、销售资源和供应商产品质量水平的统计属性，适时调整和设计其最优订购策略，以期达到规避损失风险的运营目的。本章的研究考察了产品质量不完备下相应的库存决策行为，揭示了风险规避属性与销售努力行为在产品质量随机过程中的应用机理，丰富了库存运作与管理的研究内容，接下来可进一步考虑多产品不完备质量环境下的供应链博弈问题。

参 考 文 献

柏庆国，史宝珍，徐健腾，2019. 风险规避下二级供应链的低碳减排运营策略 [J]. 系统工程 (3)：86-97.

柏庆国，徐贤浩，2018. 碳排放政策下二级易变质产品供应链的联合订购策略 [J]. 管理工程学报 (4)：167-177.

蔡志鹏，王丹婷，宋佳欣，2020. 考虑合作时间和供应中断风险的双源采购决策 [J]. 物流工程与管理 (4)：139-144.

曹兵兵，樊治平，尤天慧，等，2017. 考虑损失规避的温度敏感型产品定价与订货联合决策 [J]. 中国管理科学 (4)：60-69.

曹兵兵，樊治平，张胡伟，2016. 考虑零售商失望规避与欣喜寻求的定价与订货联合决策 [J]. 中国管理科学 (7)：82-91.

曹裕，李青松，胡韩莉，2019. 供应链产品质量检查策略的比较研究 [J]. 系统工程理论与实践 (1)：111-125.

曹裕，李青松，胡韩莉，2020. 基于报童模型的供应链产品质量控制机制研究 [J]. 管理科学学报 (4)：110-126.

曹志强，杨笔，刘放，2019. 基于折中决策值为参考点的报童订购行为研究 [J]. 管理评论，31 (1)：236.

曹宗宏，张成堂，赵菊，2015. 库存水平影响需求且价格和存储费用可变的供应链协调模型 [J]. 统计与决策 (6)：44-48.

常珊，胡斌，汪婷婷，2022. 考虑促销努力的供应链产能策略及其协调 [J]. 系统管理学报 (4)：619-634.

陈崇萍，陈志祥，2019. 供应商产出随机与供应中断下的双源采购决策 [J]. 中国管理科学 (6)：113-122.

陈戈，但斌，覃燕红，2017. 不同公平偏好模型下基于批发价格契约的供应链协调 [J]. 预测 (3)：62-68.

陈建新，周永务，2017. 公平关切下需求依赖于价格的供应链运作策略研究 [J]. 运筹与管理 (8)：92-98.

参考文献

陈杰, 陈志祥, 高腾, 等, 2017. 不完备质量和融资能力约束下的多产品风险厌恶库存模型 [J]. 控制与决策 (4): 647–655.

陈杰, 邢灵博, 李胃胜, 等, 2024. 不完备质量下带有风险厌恶的库存决策模型 http://kns.cnki.net/kcms/detail/31.1738.T.20240223.1404.002.html 中国管理科学 (2): 54–64.

陈俊霖, 赵晓波, 王小勐, 2016. 一类考虑反 S 型概率权重的供货中断库存模型 [J]. 管理科学学报, 19 (12): 59–70.

陈柳鑫, 黄磊, 马利军, 2021. 运费成本共担下 TPL 参与的农产品供应链收益共享契约研究 [J]. 管理工程学报 (6): 218–225.

褚宏睿, 冉伦, 张冉, 等, 2015. 基于前景理论的报童问题: 考虑回购和缺货惩罚 [J]. 管理科学学报, 18 (12): 47–57.

崔春岳, 张令荣, 杨子凡, 2021. 碳配额交易政策下基于收益共享契约的两阶段供应链协调 [J]. 中国管理科学 (7): 214–226.

代建生, 陈瑞佳, 2021. 资金约束下损失规避零售商的订购和广告协同策略 [J]. 中国管理科学 (8): 81–93.

代建生, 李春玲, 2023. 随机需求下考虑公平偏好的合作广告协调模型 [J]. 系统科学与数学 (2): 323–341.

代建生, 李革, 2023. 资金约束供应链合作广告协调模型 [J]. 中国管理科学 (9): 83–93.

代建生, 谢梦萍, 2016. 销售努力下基于 CVaR 的二次订货模型 [J]. 软科学 (8): 139–144.

戴道明, 程刚, 杨善林, 2009. 考虑资源约束和变质期的订货批量与定价的联合决策 [J]. 系统工程理论与实践, 29 (1): 81–88.

邓杰, 王宇, 2023. 基于零售商销售努力的风险和模糊规避报童模型研究 [J]. 管理工程学报 (3): 118–128.

董霜霜, 李羚子, 夏唐斌, 等, 2024. 考虑供应中断和损失规避的多供应商采购决策研究 [J/OL]. 工业工程与管理: 1–17. http://kns.cnki.net/kcms/detail/31.1738.T.20240223.1404.002.html.

樊双蛟, 王旭坪, 2018. 退货再次销售的在线零售定价与订货联合决策 [J]. 系统工程理论与实践 (1): 113–121.

范建昌, 付红, 洪定军, 等, 2023. 基于产品责任的零售商主导供应链质量成本分担合同研究 [J]. 中国管理科学 (5): 187–197.

冯海荣, 周永务, 曾银莲, 等, 2021. 基于不平等厌恶的易变质品供应链合作的利他收益分配［J］. 系统科学与数学, 41 (9): 2460-2476.

冯艳刚, 吴军, 2015. 突发事件环境下风险厌恶型报童博弈模型［J］. 系统工程理论与实践, 35 (3): 598-607.

伏开放, 陈志祥, 2018. 风险质检行为下的模糊生产-库存决策［J］. 中国管理科学, 26 (10): 41-51.

高婷, 叶涛锋, 陈福明, 2016. 需求依赖库存时基于 CVaR 准则的报童模型［J］. 中国管理科学 (S1): 602-608.

葛娜, 汪传旭, 姚漫, 2013. 基于零售商不同风险偏好的三级供应链利润模型［J］. 上海海事大学学报 (3): 54-59.

龚鸣, 2018. 法国问题奶粉再曝黑幕［EB/OL］. ［2018-02-05］. http://www.xinhuanet.com/world/2018-02/05/c_129805279.htm.

胡劲松, 郭彩云, 2009. 含缺货且缺陷产品可修复的模糊生产库存模型［J］. 计算机集成制造系统, 15 (5): 932-938.

黄松, 杨超, 杨珺, 2011. 考虑成员风险态度和 VaR 约束时的供应链协调模型［J］. 管理工程学报, 25 (2): 136-141.

黄晓慧, 何娟, 2023. 考虑环保风险和资金约束的低碳供应链决策研究［J］. 综合运输 (9): 122-129.

金伟, 骆建文, 2018. 考虑风险规避的资金约束供应链最优信用契约设计［J］. 中国管理科学, 26 (1): 35-46.

康凯, 赵靖环, 张敬, 等, 2016. 碳限额与交易机制下易变质产品供应链的生产库存控制策略研究［J］. 工业工程与管理 (4): 74-79.

康旺霖, 王垒, 张波, 2017. 考虑产品缺陷率和延迟支付的占线报童模型与订货策略选择［J］. 上海交通大学学报 (3): 379-384.

寇军, 赵泽洪, 2019. 产品质量影响下延保服务与产品联合定价与库存策略［J］. 管理评论 (6): 225-237.

黎俊, 王曙明, 2022. 基于截断需求的分布鲁棒报童问题［J］. 系统工程理论与实践 (5): 1260-1276.

李胄胜, 陈杰, 陈志祥, 2018. 风险偏好和需求依赖质量状态的报童模型［J］. 系统工程 (12): 135-141.

李小美, 刘人境, 张琦, 2021. 价格柔性契约下需求依赖价格的供应链策略研究［J］. 工业工程与管理 (3): 177-184.

李新军, 季建华, 王淑云, 2014. 供应中断情况下基于双源采购的供应链协调与优化［J］. 管理工程学报 (3): 141-147.

李永飞，魏松波，2022. 随机需求和收益共享契约约束下的供应链协调问题研究［J］. 统计与决策（1）：179－183.

刘崇光，刘浪，2020. 价格随机条件下的闭环供应链应急数量弹性契约［J］. 北京理工大学学报（社会科学版）（2）：50－59.

刘春怡，尤天慧，曹兵兵，2021. 考虑成员企业风险态度的制造商资金约束闭环供应链定价与回收决策［J］. 控制与决策（5）：1239－1248.

刘桂东，李银珍，曾建中，2023. 利他偏好下基于批发价契约的供应链协调［J］. 海南大学学报（人文社会科学版），41（1）：133－142.

刘浪，汪惠，黄冬宏，2021. 生产成本信息不对称下零售商风险厌恶的回购契约［J］. 系统工程理论与实践（1）：113－123.

刘云志，樊治平，2017. 考虑损失规避与产品质量水平的供应链协调契约模型［J］. 中国管理科学（1）：65－77.

娄山佐，吴耀华，吕文，2010a. 随机中断环境下的库存控制研究［J］. 自动化学报，36（7）：999－1006.

娄山佐，吴耀华，吕文，等，2010b. 随机中断环境下的库存优化管理［J］. 系统工程理论与实践（3）：469－475.

麦肯锡，2021. 供应链中断每年给大型企业带来的损失超1.84亿美元［EB/OL］. https:// www.sohu.com/a/474029610_121119389.

慕银平，2011. 随机需求下单向替代的两产品订货与定价联合决策研究［J］. 管理学报（5）：752－757.

逄金辉，史文强，吴双胜，等，2019. 信息不对称下多因素波动的应急数量弹性契约［J］. 运筹与管理（3）：95－103.

彭承琪，吴成锋，左小德，2023. 考虑风险厌恶的绿色供应链承担企业社会责任的合作策略研究［J］. 数学的实践与认识（10）：81－91.

秦娟娟，李婧，2021. 碳交易机制下资金约束制造商替代产品的最优生产策略研究［J］. 运筹与管理（5）：88－94.

邱若臻，初晓晶，孙月，2023. 价格和交货期敏感需求下基于鲁棒优化的双渠道供应链决策模型［J］. 中国管理科学，31（9）：114－126.

邱若臻，张多琦，孙艺萌，等，2020. 供需不确定条件下基于CVaR的零售商库存鲁棒优化模型［J］. 中国管理科学（12）：98－107.

屈晓龙，李波，2014. 碳限额与交易机制下零售商模糊库存模型优化求解［J］. 北京理工大学学报（社会科学版）（6）：20－25，33.

沈厚才，徐进，庞湛，2004. 损失规避偏好下的定制件采购决策分析［J］.

管理科学学报，7（6）：37-45.

石松，石平，2024. 疫情背景下考虑社会学习的竞争防疫产品供应中断研究[J]. 中国管理科学，32（5）：171-178.

搜狐财经，2022. 土耳其强震对国际纺织业有何影响？全球供应链将受到哪些冲击？[EB/OL]. https://www.sohu.com/a/640255671_121123868.

孙彩虹，2014. 部分信息下联合鲁棒定价、订货决策的报童模型[J]. 系统工程理论与实践（5）：1122-1130.

谭德庆，陈雪鸶，2021. 资金约束下基于CVaR的供应链协调性研究与融资策略选择[J]. 运筹与管理，30（4）：40-46.

唐振宇，罗新星，陈晓红，2019. 零售商风险规避条件下基于期权契约的生鲜农产品供应链协调研究[J]. 运筹与管理（12）：62-72.

田志勇，周丽，袁瑞萍，2017. 碳限制和交易机制下的报童问题[J]. 系统工程（10）：88-94.

万鹏，戢守峰，宋乃绪，2020. 具有随机缺陷率产品的多点转运库存优化模型[J]. 计算机集成制造系统（9）：2561-2572.

王道平，朱梦影，董汉玺，2023. CVaR准则下基于区块链技术信息披露的供应链融资策略研究[J]. 运筹与管理（9）：43-49.

王田，郑重，2022. 产能不确定供应商的风险厌恶行为对供应链的影响[J]. 中国管理科学（1）：165-174.

王田，郑重，2022. 产能不确定供应商的风险厌恶行为对供应链的影响[J]. 中国管理科学，30（1）：165-174.

王文隆，何竹云，张涑贤，2022. 动态视角下生鲜品双渠道供应链保鲜努力与促销努力联合决策研究[J]. 中国管理科学：1-16.

王喜平，郝少媛，2020. 碳交易机制下供应链CCS投资时机研究[J]. 管理工程学报（2）：124-130.

王新辉，汪贤裕，2015. 考虑销售商风险规避的双边信息不对称的供应链协调[J]. 中国管理科学，23（3）：97-107.

王志宏，施金钰，郭剑锋，等，2023. 基于预售融资和银行融资组合策略的风险规避供应链的决策研究[J]. 中国管理科学（6）：91-99.

魏津瑜，陈子星，刘倩文，2019. 基于质量缺陷和学习效应的易腐品库存与筛选决策问题研究[J]. 工业工程与管理（5）：22-31.

魏津瑜，于洋，杨欣，2019. 质量缺陷生鲜品库存与筛选决策研究[J]. 工业工程与管理，24（2）：1-8.

参考文献

巫瑞, 夏西强, 曾庆丽, 2023. 碳配额分配方式对碳减排影响对比分析 [J]. 工业技术经济 (2): 37-47.

吴胜, 雒兴刚, 陈振颂, 等, 2016. 需求依赖于产品价格和消费者时间偏好的定价与订货决策 [J]. 控制与决策 (9): 1594-1602.

夏西强, 汪仲泽, 王巍, 2024. 知识产权保护下政府碳配额分配方式与再制造模式选择演化博弈分析 [J/OL]. 系统管理学报: 1-24. http://kns.cnki.net/kcms/detail/31.1977.N.20240108.1457.003.html.

夏西强, 朱庆华, 路梦圆, 2022. 外包制造下碳交易对低碳供应链影响及协调机制研究 [J]. 系统工程理论与实践 (5): 1290-1302.

向林, 2022. 期权契约下考虑供应中断和风险规避的供应链采购管理 [J]. 物流科技 (17): 129-132.

肖迪, 陈瑛, 王佳燕, 等, 2022. 考虑平台数据赋能的电商供应链成本分担策略选择研究 [J]. 中国管理科学 (10): 58-69.

新浪财经, 2022. 阿根廷球衣, 又卖爆了 [EB/OL]. https://news.sina.com.cn/c/2022-12-09/doc-imqqsmrp9044376.shtml.

邢鹏, 张翠华, 王语霖, 等, 2016. 供应中断下考虑风险规避的物流服务质量控制 [J]. 东北大学学报 (自然科学版) (4): 604-608.

徐和, 彭伟真, 2016. 供应风险下产品价格和质量水平的均衡策略研究 [J]. 管理学报 (7): 1090-1094, 1104.

徐健腾, 高莹, 柏庆国, 等, 2023. 不同碳交易配额分配方法下的鲁棒减排运作策略研究 [J]. 管理工程学报 (3): 191-200.

许民利, 李展, 2013. 基于CVaR准则具有预算约束和损失约束的报童决策 [J]. 控制与决策 (11): 1614-1622.

许明辉, 于刚, 张汉勤, 2006. 带有缺货惩罚的报童模型中的CVaR研究 [J]. 系统工程理论与实践, 26 (10): 1-8.

严冯敏, 2017. 质检总局召开2016缺陷产品召回工作情况专题新闻发布会 [EB/OL]. [2016-12-26]. https://www.gov.cn/xinwen/2016-12/26/content_5153188.htm#1.

叶银芳, 李登峰, 余高锋, 2019. 联合订货区间值EOQ模型及变权Shapley值成本分摊方法 [J]. 中国管理科学, 27 (10): 90-99.

禹海波, 2014. 风险偏好和需求不确定性对销售努力和补货决策库存系统的影响 [J]. 管理工程学报 (4): 69-74, 47.

禹海波, 付建, 李健, 等, 2021. 需求可变性和风险偏好对需求依赖促销努

力供应链的影响 [J]. 管理工程学报 (4)：202 – 215.

曾能民, 曾冬玲, 任廷海, 2023. 考虑供应风险的竞合供应链决策研究 [J]. 管理科学学报 (4)：175 – 192.

张斌, 汪峻萍, 2016. 需求依赖价格、广告投入和质量控制的供应链模型 [J]. 数学的实践与认识 (24)：15 – 21.

张超, 张鹏, 2016. 需求依赖销售努力情形下过度自信零售商的决策 [J]. 技术经济 (5)：112 – 117.

张锦曦, 何浩楠, 王善勇, 等, 2021. 消费者异质性视角下损失规避分销渠道中的质量与库存决策 [J]. 中国科学技术大学学报 (3)：228 – 245.

张雷, 王紫琴, 周学广, 2023. 供应中断风险下竞争零售商的采购与定价决策 [J/OL]. 计算机集成制造系统：1 – 21. http://kns.cnki.net/kcms/detail/11.5946.tp.20230410.1229.008.html.

张旭梅, 乔丰娟, 宋寒, 等, 2010. VMI 下需求受库存和努力水平影响的供应链协调 [J]. 工业工程 (5)：8 – 12.

张永芬, 魏航, 2021. 基于产品质量的供应链延保服务模式研究 [J]. 管理评论 (2)：278 – 288.

张玉升, 2022. 任正非：华为要"活下来"！把寒气传递给每个人 [EB/OL]. https://www.163.com/dy/article/HFG2AAEV055061FK.htmlwfr = spider&for = pc.

张云丰, 秦滢, 龚本刚, 2023. 碳税政策下三级供应链碳减排与定价决策及社会福利研究 [J]. 系统科学与数学 (5)：1177 – 1206.

郑梦, 代文强, 2022. 需求依赖于库存的易变质品在线采购问题研究 [J]. 中国管理科学, 30 (12)：26 – 37.

郑清, 阿布都热合曼·卡的尔, 2022. 碳税机制下考虑不同低碳策略的动态博弈模型及复杂性研究 [J]. 运筹与管理 (4)：55 – 60.

周赛玉, 王长军, 邵栗, 2020. Copula-CVaR 下考虑随机成本和需求的单周期订货决策研究 [J]. 运筹与管理 (4)：138 – 146.

朱晨, 马静, 张骥骥, 等, 2024. 产能约束下考虑碳税和低碳偏好的供应链新/再制造品减排决策和协调 [J]. 计算机集成制造系统 (2)：717 – 729.

朱传波, 季建华, 包兴, 2014. 供应风险规避下基于 VaR 的零售商订货策略 [J]. 系统管理学报 (6)：861 – 866.

ALFARES H K, AFZAL A R, 2021. An economic order quantity model for growing items with imperfect quality and shortages [J]. Arabian journal for science and engineering, 46: 1863 – 1875.

BENJAAFAR S, COOPER W L, MARDAN S, 2011. Production-inventory systems with imperfect advance demand information and updating [J]. Naval research logistics, 58 (2): 88 – 106.

BERK E, GÜRLER Ü, LEVINE R A, 2007. Bayesian demand updating in the lost sales newsvendor problem: a two-moment approximation [J]. European journal of operational research, 182 (1): 256 – 281.

BESBES O, MUHARREMOGLU A, 2013. On implications of demand censoring in the newsvendor problem [J]. Management science, 59 (6): 1407 – 1424.

BISI A, DADA M, TOKDAR S, 2011. A censored-data multiperiod inventory problem with newsvendor demand distributions [J]. Manufacturing & service operations management, 13 (4): 525 – 533.

BOUAKIZ M, SOBEL M J, 1992. Inventory control with an exponential utility criterion [J]. Operations research, 40 (3): 603 – 608.

BRAGLIA M, CASTELLANO D, MARRAZZINI L, et al., 2019. A continuous review, (Q, r) inventory model for a deteriorating item with random demand and positive lead time [J]. Computers & operations research, 109: 102 – 121.

BRÄUER I, BUSCHER U, 2018. A note on 'Pricing and ordering decisions in a supply chain with imperfect quality items and inspection under buyback of defective items' [J]. International journal of production research, 56 (15): 5272 – 5277.

CHAKRABARTI T, CHAUDHURI K S, 1997. An EOQ model for deteriorating items with a linear trend in demand and shortages in all cycles [J]. International journal of production economics, 49 (3): 205 – 213.

CHAO H P, 1987. Inventory policy in the presence of market disruptions [J]. Operations research, 35 (2): 274 – 281.

CHEAITOU A, CHEAYTOU R, 2019. A two-stage capacity reservation supply contract with risky supplier and forecast updating [J]. International journal of production economics, 209: 42 – 60.

CHEIKHROUHOU N, SARKAR B, GANGULY B, et al., 2018. Optimization of sample size and order size in an inventory model with quality inspection and return of defective items [J]. Annals of operations research, 271: 445 –467.

CHENG F W, QIU H Z, SHUAI C L, et al. , 2023. Supply chain coordination based on revenue-sharing contract with a loss-averse retailer and capital constraint [J]. Soft computing, 28 (4): 3015 –3028.

CHENG H Y, XIN M, SRINIVAS T, William H, et al. , 2019. Optimal robust ordering quantity for a new product under environmental constraints [J]. IEEE transactions on engineering management (2): 240 –251.

CHENG T C E, 1991. An economic order quantity model with demand-dependent unit production cost and imperfect production processes [J]. IIE transactions, 23 (1): 23 –28.

CHOI S, RUSZCZYŃSKI A, 2011. A multi-product risk-averse newsvendor with exponential utility function [J]. European journal of operational research, 214 (1): 78 –84.

CUNHA L R A, DELFINO A P S, DOS REIS K A, et al. , 2018. Economic production quantity (EPQ) model with partial backordering and a discount for imperfect quality batches [J]. International journal of production research, 56 (18): 6279 –6293.

DADA M, PETRUZZI N C, SCHWARZ L B, 2007. A newsvendor's procurement problem when suppliers are unreliable [J]. Manufacturing & service operations management, 9 (1): 9 –32.

DAI J, MENG W, 2015. A risk-averse newsvendor model under marketing-dependency and price-dependency [J]. International journal of production economics, 160: 220 –229.

DELLAERT N P, MELO M T, 2003. Approximate solutions for a stochastic lot-sizing problem with partial customer-order information [J]. European journal of operational research, 150 (1): 163 –180.

FAN Y H, FENG Y, SHOU Y Y, 2020. A risk-averse and buyer-led supply chain under option contract: CVaR minimization and channel coordination [J]. International journal of production economics, 219: 66 –81.

FEDERGRUEN A, YANG N, 2009. Optimal supply diversification under general supply risks [J]. Operations research, 57 (6): 1451 –1468.

FLAPPER S D P, GAYON J P, VERCRAENE S, 2012. Control of a production-inventory system with returns under imperfect advance return information [J]. European journal of operational research, 218 (2): 392-400.

Giri B C, Sarker B R, 2019. Coordinating a multi-echelon supply chain under production disruption and price-sensitive stochastic demand [J]. Journal of industrial and management optimization, 15 (4): 1631-1651.

GIRI B C, SHARMA S, 2016. Optimal production policy for a closed-loop hybrid system with uncertain demand and return under supply disruption [J]. Journal of cleaner production, 112: 2015-2028.

GOLMOHAMMADI A, HASSINI E, 2020. Review of supplier diversification and pricing strategies under random supply and demand [J]. International journal of production research, 58 (11): 3455-3487.

GÜLLU R, ÖNOL E B R U, ERKIP N, 1997. Analysis of a deterministic demand production/inventory system under nonstationary supply uncertainty [J]. IIE transactions, 29 (8): 703-709.

GUPTA V, IVANOV D, 2019. Dual sourcing under supply disruption with risk-averse suppliers in the sharing economy [J]. International journal of production research (58): 291-307.

GUPTA V, IVANOV D, 2020. Dual sourcing under supply disruption with risk-averse suppliers in the sharing economy [J]. International journal of production research, 58 (1): 291-307.

HAQ Z A, ERTUNGA Ö, 2023. Supply chain price variability under the buyback contract [J]. Journal of industrial and production engineering (4): 301-322.

HARIHARAN R, ZIPKIN P, 1995. Customer-order information, leadtimes, and inventories [J]. Management science, 41 (10): 1599-1607.

HE J, ALAVIFARD F, IVANOV D, et al., 2019. A real-option approach to mitigate disruption risk in the supply chain [J]. Omega, 88: 133-149.

HEKIMOĞLU M, VAN DER Laan E, DEKKER R, 2018. Markov-modulated analysis of a spare parts system with random lead times and disruption risks [J]. European journal of operational research, 269 (3): 909-922.

HISHAMUDDIN H, SOBRI F M., GHAFAR F N, et al., 2019. A recovery model for an EPQ system subject to supply disruption with consideration of safety stock [C] //In 2019 IEEE 6th International Conference on Industrial Engineering and Applications: 240 – 245.

HOSSEINI SIVANOV D, DOLGUI A, 2020. Ripple effect modelling of supplier disruption: integrated Markov chain and dynamic Bayesian network approach [J]. International journal of production research, 58 (11): 3284 – 3303.

HSU J T, HSU L F, 2014. An eoq model with imperfect quality items, inspection errors, shortage backordering, and sales returns [J]. International journal of industrial engineering computations, 5 (2): 162 – 170.

HUA G W, CHENG T C E, WANG S Y, 2011. Managing carbon footprints in inventory management [J]. International Journal of production economics (2), 178 – 185.

JABER M Y, ZANONI S, ZAVANELLA L E, 2014. Economic order quantity models for imperfect items with buy and repair options [J]. International journal of production economics, 155, 126 – 131.

JADIDI O, JABER M Y, ZOLFAGHRI S, et al., 2021. Dynamic pricing and lot sizing for a newsvendor problem with supplier selection, quantity discounts, and limited supply capacity [J]. Computers & industrial engineering, 154: 107 – 113.

JAGGI C K, TIWARI S, SHAFI A A, 2015. Effect of deterioration on two-warehouse inventory model with imperfect quality [J]. Computers & industrial engineering, 88: 378 – 385.

JI R, KAMRAD B, 2019. Newsvendor model as an exchange option on demand and supply uncertainty [J]. Production and operations management, 28 (10): 2456 – 2470.

JOHN L, GURUMURTHY A, 2021. Are quantity flexibility contracts with discounts in the presence of spot market procurement relevant for the humanitarian supply chain? An exploration [J]. Annals of operations research (2): 1 – 28.

KEREN B, PLISKIN J S, 2005. A benchmark solution for the risk-averse newsvendor problem [J]. European journal of operational research (3): 1643 – 1650.

KHALILPOURAZARI S, MIRZAZADEH A, WEBER G W, et al., 2019b.

A robust fuzzy approach for constrained multi-product economic production quantity with imperfect items and rework process [J]. Optimization (1): 63 –90.

KHALILPOURAZARI S, PASANDIDEH S H R, NIAKI S T A, 2019a. Optimizing a multi-item economic order quantity problem with imperfect items, inspection errors, and backorders [J]. Soft computing, 23 (22): 11671 – 11698.

KHAN M., JABER M Y, GUIFFRIDA A L, et al., 2011. A review of the extensions of a modified EOQ model for imperfect quality items [J]. International journal of production economics (1): 1 –12.

KÖLE H, BAKAL I S, 2017. Value of information through options contract under disruption risk [J]. Computers & industrial engineering, 103: 85 –97.

KOUVELIS P, LI R, 2019. Integrated risk management for newsvendors with value-at-risk constraints [J]. Manufacturing & service operations management, 21 (4): 816 –832.

KOUVELIS P, PANG Z, DING Q, 2018. Integrated commodity inventory management and financial hedging: a dynamic mean-variance analysis [J]. Production and operations management, 27 (6): 1052 –1073.

KOUVELIS P, QIU Y, 2022. Financing inventories with an investment efficiency objective: ROI-maximising newsvendor, bank loans and trade credit contracts [J]. International journal of production research, 60 (1): 136 –161.

KUMAR M, BASU P, AVITTATHUR B, 2018. Pricing and sourcing strategies for competing retailers in supply chains under disruption risk [J]. European journal of operational research, 265 (2): 533 –543.

KYPARISIS G J, KOULAMAS C, 2018. The price-setting newsvendor with nonlinear salvage revenue and shortage cost [J]. Operations research letters, 46 (1): 64 –68.

LARIVIERE M A, PORTEUS E L, 1999. Stalking information: Bayesian inventory management with unobserved lost sales [J]. Management science, 45 (3): 346 –363.

LI J Y, LI, Y B., LI B J, et al., 2023. Contingent or stable dual sourcing?

The preferences of manufacturers and suppliers under supply disruption and competition [J]. International Journal of Logistics research and applications, 26 (3): 279 –319.

MANIKAS A S, KROES J R, 2015. A newsvendor approach to compliance and production under cap and trade emissions regulation [J]. International journal of production economics, 159 (C): 274 –284.

MANNA A K, DEY J K, MONDAL S K, 2017. Imperfect production inventory model with production rate dependent defective rate and advertisement dependent demand [J]. Computers & industrial engineering, 104: 9 –22.

MAWANDIYA B K, JHA J K, THAKKAR J J, 2020. Optimal production-inventory policy for closed-loop supply chain with remanufacturing under random demand and return [J]. Operational research, 20: 1623 –1664.

MEYER R R, ROTHKOPF M H, SMITH S A, 1979. Reliability and inventory in a production-storage system [J]. Management science, 25 (8): 799 –807.

MOHAMMADIVOJDAN R, MERZIFONLUOGLu Y, GEUNES J, 2022. Procurement portfolio planning for a newsvendor with supplier delivery uncertainty [J]. European journal of operational research, 297 (3): 917 –929.

MOHEBBI E, HAO D, 2008. An inventory model with non-resuming randomly interruptible lead time [J]. International journal of production economics, 114 (2): 755 –768.

MOINZADEH K, AGGARWAL P, 1997. Analysis of a production/inventory system subject to random disruptions [J]. Management science, 43 (11): 1577 –1588.

NAHMIAS S, SMITH S A, 1994. Optimizing inventory levels in a two-echelon retailer system with partial lost sales [J]. Management science, 40 (5): 582 –596.

OLIVARES-AGUILA J, ELMARAGHY W, 2021. System dynamics modelling for supply chain disruptions [J]. International journal of production research, 59 (6): 1757 –1775.

OUYANG L Y, WU K S, 1999. Mixture inventory model involving variable lead time and defective units [J]. Journal of statistics and management systems, 2 (2/3): 143 –157.

OUYANG LY, WU K S, HO C H, 2006. The single-vendor single-buyer integrated inventory problem with quality improvement and lead time reduction—minimax distribution-free approach [J]. Asia-Pacific journal of operational research, 23 (3): 407 –424.

ÖZLER A, TAN B, KARAESMEN F, 2009. Multi-product newsvendor problem with value-at-risk considerations [J]. International journal of production economics, 117 (2): 244 –255.

PAL B, SANA S S, CHAUDHURI K, 2014. A multi-echelon production-inventory system with supply disruption [J]. Journal of manufacturing systems, 33 (2): 262 –276.

PAPACHRISTOS I, PANDELIS D G, 2022. Newsvendor models with random supply capacity and backup sourcing [J]. European journal of operational research, 303 (3): 1231 –1243.

PARLAR M, BERKIN D, 1991. Future supply uncertainty in EOQ models [J]. Naval research logistics, 38 (1): 107 –121.

PORTEUS E L, 1986. Optimal lot sizing, process quality improvement and setup cost reduction [J]. Operations research, 34 (1): 137 –144.

POUNDSTONE W, 2011. Priceless: the hidden psychology of value [M]. London: Oneworld Publications.

QIN J, FU H, WANG Z, et al., 2021. Financing and carbon emission reduction strategies of capital-constrained manufacturers in e-commerce supply chains [J]. International journal of production economics, 241 (8): 108271.

RAY P, JENAMANI M, 2016. Sourcing decision under disruption risk with supply and demand uncertainty: A newsvendor approach [J]. Annals of operations research, 237 (1/2): 237 –262.

REZAEI J, 2016. Economic order quantity and sampling inspection plans for imperfect items [J]. Computers Industrial engineering, 96: 1 –7.

ROCKAFELLAR R T, URYASEV S, 2000. Optimization of conditional value-at-risk [J]. Journal of risk, 2: 21 –42.

RUBIO-HERRERO J, BAYKAL-GÜRSOY M, 2020. Mean-variance analysis of the newsvendor problem with price-dependent, isoelastic demand [J]. European journal of operational research, 283 (3): 942 –953.

SAGHAFIAN S, VAN OYEN M P, 2016. Compensating for Dynamic Supply Disruptions: Backup Flexibility Design [J]. Operations research (2): 390-405.

SALEHI H, TALEIZADEH A A, TAVAKKOLI-MOGHADDAM R, 2016. An EOQ model with random disruption and partial backordering [J]. International journal of production research, 54 (9): 2600-2609.

SARADA Y, SANGEETHA S, 2022. Coordinating a reverse supply chain with price and warranty dependent random demand under collection uncertainties [J]. Operational research, 22 (4): 4119-4158.

SARKAR B, 2019. Mathematical and analytical approach for the management of defective items in a multi-stage production system [J]. Journal of cleaner production, 218: 896-919.

SAWIK T, 2016. On the risk-averse optimization of service level in a supply chain under disruption risks [J]. International journal of production research (1): 98-113.

SEVGEN A, SARGUT F Z, 2019. May reorder point help under disruptions? [J]. International journal of production economics, 209: 61-69.

SILBERMAYR L, MINNER S, 2016. Dual sourcing under disruption risk and cost improvement through learning [J]. European journal of operational research, 250 (1): 226-238.

SONG J S, ZIPKIN P, 2009. Inventories with multiple supply sources and networks of queues with overflow bypasses [J]. Management science, 55 (3): 362-372.

SUN H, YANG J, 2021. Optimal decisions for competitive manufacturers under carbon tax and cap-and-trade policies [J]. Computers & industrial engineering, 156 (2): 107244.

TALEIZADEH A A, 2017. Lot-sizing model with advance payment pricing and disruption in supply under planned partial backordering [J]. International transactions in operational research, 24 (4): 783-800.

TALEIZADEH A A, KHANBAGLO M P S, CÁRDENAS-BARRÓN L E, 2020. Replenishment of imperfect items in an EOQ inventory model with partial backordering [J]. RAIRO-operations research, 54 (2): 413-434.

TALEIZADEH A A, SALEHI H, SAN-JOSÉ L A, 2016. An inventory-production model for supply chain under partial backordering and disruption [J]. Iranian journal of operations research, 7 (1): 18 –29.

TALEIZADEH A A, TAVASSOLI S, BHATTACHARYA A, 2020. Inventory ordering policies for mixed sale of products under inspection policy, multiple prepayment, partial trade credit, payments linked to order quantity and full backordering [J]. Annals of operations research, 287 (1): 403 –437.

TAO Y, LAI X, ZHOU S, 2020. Information sharing in a transparent supply chain with transportation disruptions and supplier competition [J]. Annals of operations research (1/2): 1 –23.

TAPIERO C S, 2005. Value at risk and inventory control [J]. European journal of operational research, 163 (3): 769 –775.

TOMLIN B, 2006. On the value of mitigation and contingency strategies for managing supply chain disruption risks [J]. Management science, 52 (5): 639 –657.

TOMLIN B, WANG Y, 2005. On the value of mix flexibility and dual sourcing in unreliable newsvendor networks [J]. Manufacturing & service operations management, 7 (1): 37 –57.

TOPAN E, TAN T, VAN HOUTUM G J, et al., 2018. Using imperfect advance demand information in lost-sales inventory systems with the option of returning inventory [J]. IISE transactions, 50 (3): 246 –264.

ULLAH M, KANG C W, 2014. Effect of rework, rejects and inspection on lot size with work-in-process inventory [J]. International journal of production research, 52 (8): 2448 –2460.

WANG F, DIABAT A, WU L, 2021. Supply chain coordination with competing suppliers under price-sensitive stochastic demand [J]. International journal of production economics, 234: 108020.

WANG W T, WEE H M, CHENG Y L, Chin Lin Wen, et al., 2015. EOQ model for imperfect quality items with partial backorders and screening constraint [J]. European Journal of Industrial Engineering (6): 744 –773.

WANG X, SUN S, 2021. Pricing against supply disruption under duopolistic competition [J]. International transactions in operational research, 28 (5): 2900 –2932.

WU C, ZHAO Q, LIN S, et al., 2023. Supply chain coordination based on revenue-sharing contract with a loss-averse retailer and capital constraint [J]. Soft computing (4): 3015 -3028.

XANTHOPOULOS A, VLACHOS D, IAKOVOU E, 2012. Optimal newsvendor policies for dual-sourcing supply chains: A disruption risk management framework [J]. Computers & operations research, 39 (2): 350 -357.

XIAO L, WANG C, 2023. Multi-location newsvendor problem with random yield: centralization versus decentralization [J]. Omega, 116: 102795.

XU X, CHAN C K, LANGEVIN A, 2018. Coping with risk management and fill rate in the loss-averse newsvendor model [J]. International journal of production economics, 195: 296 -310.

XUE W, MA L, SHEN H, 2015. Optimal inventory and hedging decisions with CVaR consideration [J]. International journal of production economics (4): 70 -82.

ZHANG B, LAI Z, WANG Q, 2021. Multi-product dual sourcing problem with limited capacities [J]. Operational research, 21: 2055 -2075.

ZHANG H, CHAO X, SHI C, 2018. Perishable inventory systems: Convexity results for base-stock policies and learning algorithms under censored demand [J]. Operations research, 66 (5): 1276 -1286.

ZHUO W, SHAO L, YANG H, 2018. Mean-variance analysis of option contracts in a two-echelon supply chain [J]. European journal of operational research, 271 (2): 535 -547.